하나님이 사랑하시는 소중한 딸

_____에게

이 편지를 전합니다.

『딸아, 너는 나의 보석이란다』는 우리가 누구인지, 우리의 정체성을 쉽게 성경적으로 알려준 책으로, 즉 구속사적으로 구원의 여정을 노래합니다.

『딸아, 너는 나의 신부란다』는 하나님의 자녀로서 우리가 어떻게 매일 주님과 동행하며 이 땅에서 순례자로 살아야 하는지를 알려줍니다. 즉 구속사적으로 성화의 여정을 노래하는 책이라 생각합니다.

이 여정을 시적으로 잘 표현하여 세상의 거친 언어로 상처받고 하나님의 자녀이지만 정체성이 확고하지 않아 헤매는 성도들을 위로하고, 하나님의 자녀로서의 정체성을 세워주는 보약과 같은 책입니다. 이 책을 읽고 나니 보약 한 재를 먹은 것 이상의 효능이 있습니다.

우리가 천성을 향하여 걸어가는 이 세상에서의 삶이 고단하고 피곤하고 힘들지만 매일 한 장씩 나에게 읽어주면 세상으로부터 받은 상처와 오물들을 씻어 내주는 위로의 책이라고도 생각하여 강추합니다.

_이혜숙(대한기독간호사협회 사무총장)

『딸아 너는 나의 신부란다』 이 책은 제목부터 하나님 아버지에 대한 감사를 고백하게 됩니다. 고아이고 죄인인 저를 신부로 불러 주시고 가장 귀한 보석처럼 사랑해 주시는 주님의 마음이 책 한 장 한 장을 넘기면서 더 깊이 와 닿았습니다.

주님은 내가 힘들어 좌절될 때, 혼자라 느껴질 때도 언제나 함께해 주셨고 저를 위로해 주시고 안아 주심을 다시 한번 깨닫고 감사하게 되었습니다. 주님은 제 평생의 연인이고, 신랑이고 모든 것임을 고백합니다. 주님의 깊은 사랑을 잊고 외로움에 홀로라 느끼는 분들께 책을 추천해 드립니다.

_송정미(CCM 아티스트, 찬양사역자연합회 회장)

"세상은 네가 향유할 너의 것이다. 네 눈을 열고 주변을 돌아봐라"
딸아이는 취업을 앞두고 조급증이 눈에 띄게 드러나고, 연이은 실패로 패배의식에 빠졌습니다. 겨우 들어간 회사에서도 출신 지역과 성별에 의한 차별을 경험하면서 자꾸만 작아져 갔습니다. 그것을 보는 나는 어떤 조언을 해주어야 할지 몰랐습니다. 『딸아 너는 나의 신부란다』를 그때 알았다면 조금은 지혜롭게 답해 줄 수 있지 않았을까요? 딸이어서 불행하거나 부족한 것이 아니라, 존재만으로도 얼마나 소중한지를 이 책은 말씀해주고 있습니다. 살아남아야 하는 경쟁에서 자신의 존재마저 부정될 때 이 책을 펼쳐 들고 목차만이라도 읽어보기를 권합니다. 한 페이지 한 페이지 천천히 읽어보십시오. 아니 적어 봐도 좋습니다. 짧지만 강한 정언(正言)을 통해 마음에 확신이 차오르고, 주님께서 보내신 당신을 향한 러브레터임을 알게 됩니다. 한 장 한 장 읽어갈 때마다 영혼을 어루만지고, "너는 존귀한 자"라고 속삭이시는 그분을 만날 수가 있습니다. 자존감이 무너진 자매에게, 삶에 지친 이 세상 모든 딸에게 귀한 선물로 적극 추천합니다.
_김혜숙(월산교회교육디렉터. 에세이스트)

딸아, 너는 나의 신부란다

딸아,
너는 나의
신부란다

His Princess Bride: Love Letters from Your Prince

| 한글판 |

세리 로즈 셰퍼드 지음
홍병룡 옮김

아바서원

차례

감사의 말

이 책이 출판되는 데는 나의 남편 스티브 진 셰퍼드의 사랑과 지원, 친구 킴버 앤 앵스트롬, 유능한 편집인 로니 헐 뒤퐁의 손길이 반드시 필요했다.

나의 아름다운 딸 에밀리 죠이 셰퍼드와 나의 귀한 어머니 캐롤 굿맨에게 이 책을 바치고 싶다.

나를 위해 기도해준 모든 사람에게 감사드리고, 특히 론다, 수, 앤나, 로셀, 수잔, 팸, 잰에게 사의를 표한다.

그리고 나에게 보물과 같은 "딸아" 사역 팀에게 고마움을 전하고 싶다. 여러분의 열심과 수고에 진심으로 감사하는 바이다.

앞서 우리는 왕이 보내는 메시지를 들었는데… 이제는 왕자의 메시지를 들을 때가 되었다.

내가 『딸아, 너는 나의 보석이란다』를 쓴 지 오 년이나 흘렀다니 도무지 믿기지 않는다. 그 책이 그토록 많은 여성의 손에 들리고 여러 언어로 출판될 줄은 꿈에도 생각하지 못했다. 그 책을 통해 우리의 아버지가 왕 중의 왕이고, 우리는 그분의 공주라는 것을 알았다.

이제는 또 다른 진리의 보물을 열어볼 때가 되었다. 우리는 또한 그리스도의 신부라는 진리다. 당신이 당신의 연인과 열렬한 관계에 들어갈 준비가 되었다면, 그리고 당신의 왕자가 속삭이는 소리, 즉 그분의 말씀을 통해 영원한 진리를 속삭이는 그 소리를 듣고 싶었다면… 이 책은 당신을 위한 것이다.

지식을 초월하는 그리스도의 사랑을 알게 되기를 빈다. 그리

하여 하나님의 온갖 충만하심으로 여러분이 충만하여지기를 바란다. (에베소서 3:19)

나는 너의 영원한 남편이다
I Am Your Eternal Husband

나의 영원한 신부야,

너에게 신성한 비밀을 알려주고 싶다. 나는 너의 하나님이지만 너의 영원한 남편이기도 하단다. 내가 곧 와서 너를 문지방 너머 영원으로 데려갈 거야. 나의 공주야, 내 신부야, 나는 네 눈에서 베일을 들어 올려 네가 정말로 누군지를 보게 하고 싶다. 나는 네 영혼을 사랑하는 연인이란다. 네게로 가까이 가서 너를 향한 나의 영원한 사랑을 살짝 보여주길 갈망한다. 네가 네 마음을 다해 나를 찾으면 내가 특별한 방법으로 나 자신을 네게 보여줄게. 네가 나에게 와서 부탁만 하면 내가 네 마음에 새로운 소망을 줄게. 그러면 너는 새로운 관점으로 나와 너 자신, 그리고 주변 세계를 보게 될 거야.

사랑한다.
너의 창조주이자 남편

딸아,
너는 나의
신부란다

너를 지으신 분께서 너의 남편이 되실 것이
다. 그분의 이름은 만군의 주님이시다. 너를
구속하신 분은 이스라엘의 거룩하신 하나님
이시다. 그분은 온 세상의 하나님으로 불릴
것이다.

이사야서 54:5

나의 주님이자 남편이여,

그 말씀을 들으니 얼떨떨해요. 나의 하나님이 영원한 남편
이라니 생각만 해도 낯설고 놀랍습니다. 내가 그리스도의
신부라는 것은 너무나 엄청난 소식이거든요. 제발 베일을
벗겨주셔서 그대가 나의 왕자이고 내가 그대의 신부임을
보게 해주십시오. 주님은 내가 평생 갈망했던 유일한 참사
랑이십니다. 그러니 오늘 내가 주님의 제단에 서서 내 마음
과 내 영혼과 나의 모든 것을 드리기 원합니다. 내가 전심
으로 주님을 찾을 때 나 자신도 발견하게 되기를 바랍니다.

사랑합니다.
그대의 신부

기뻐하고 즐거워하며 하나님께 영광을 돌리
자. 어린 양의 혼인날이 이르렀다. 그의 신부
는 단장을 끝냈다.

요한계시록 19:7

너는 참 아름답다
I Think You're Beautiful

나의 아름다운 신부야,

너는 너무나 아름답다. 내가 너를 어떻게 바라보는지를 네가 한순간이라도 볼 수 있다면 좋으련만. 내가 너를 응시할 때는 곧 드러날 보물을, 곧 빛날 공주를, 곧 사랑받을 신부를 보는 듯하단다. 내 눈에 보이는 너를 정말로 사랑한다! 내가 너를 얼마나 아름다운 사람으로 보는지 네가 안다면 네가 다시는 불안해하지 않을 것이다. 내가 창조한 너의 아름다움은 나를 반영하는 것이란다. 너를 나의 형상으로 창조했으니 너의 영원한 아름다움이 하늘의 숨결임을 다시는 의심하지 말아라!

사랑한다.
너를 흠모하는 왕자

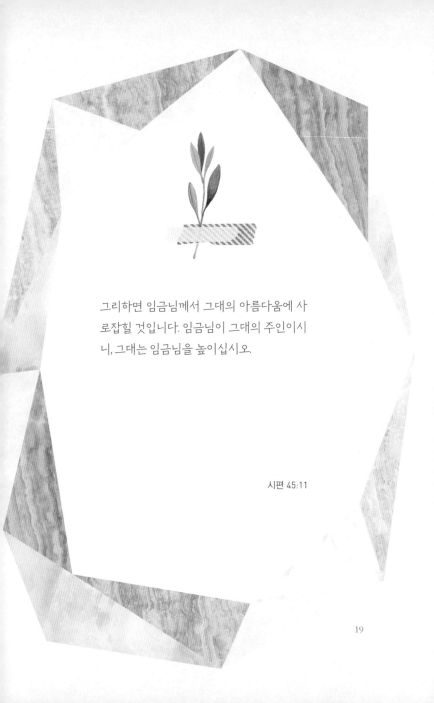

그리하면 임금님께서 그대의 아름다움에 사
로잡힐 것입니다. 임금님이 그대의 주인이시
니, 그대는 임금님을 높이십시오.

시편 45:11

너는 참 아름답다
I Think You're Beautiful

나의 왕자님,

나를 주님의 형상을 반영하는 아름다운 사람으로 만들어 주십시오. 내 눈을 그대에게 고정하고 그대가 나를 보듯 나를 보게 해주십시오. 이제는 평생 그대의 신부로 살아갈 준비가 되었어요. 나의 참된 아름다움을 알아주는 분은 오직 주님밖에 없습니다. 그러니 제발 내 마음을 열어주셔서 내가 누군지를 밝혀주는 진리의 말씀을 받을 수 있게 해주세요.

사랑합니다.
나를 아름답게 보시는 그대의 신부

딸아,
너는 나의
신부란다

내가 이렇게 빚어진 것이 오묘하고 주님께
서 하신 일이 놀라워, 이 모든 일로 내가 주님
께 감사를 드립니다. 내 영혼은 이 사실을 너
무도 잘 압니다.

시편 139:14

나와 함께 춤을 추자
Dance with Me

나의 신부야,

오늘, 네 심장이 나와 함께 춤을 추도록 초대해도 되겠니? 오직 나만 너의 슬픔을 춤으로 바꿔줄 수 있단다. 내가 준 너의 아름다움과 은혜를 보고 세상은 네가 나의 아름다운 신부임을 알게 될 거야. 네가 나와 함께 춤을 출 때는 나의 심장 박동에 따라 네가 움직이는 것을 느끼게 될 거야. 이제 댄싱 슈즈를 신을 때가 되었다. 나의 신부야. 내가 네 영혼을 위한 노래를 연주하도록 허락해다오. 지금부터 영원까지 나와 너의 심장 박동이 함께할 그 노래를!

사랑한다.

매력이 넘치는 왕자

딸아,
너는 나의
신부란다

주님께서는 내 통곡을 기쁨의 춤으로 바꾸
어 주셨습니다. 나에게서 슬픔의 상복을 벗
기시고, 기쁨의 나들이옷을 갈아입히셨기에
내 영혼이 잠잠할 수 없어서, 주님을 찬양하
렵니다. 주, 나의 하나님, 내가 영원토록 주님
께 감사를 드리렵니다.

시편 30:11~12

나와 함께 춤을 추자
Dance with Me

나의 왕자님,

내가 그대의 초대를 받다니 얼마나 큰 영광인지요. 내가
세상의 구원자와 함께 춤을 추도록 선택을 받았다니 도무
지 믿을 수 없습니다. 오늘 내 심장을 그대의 손에 맡기고
그대의 초대를 수락합니다. 나는 주님의 심장 박동에 따라
움직일 준비가 되었어요. 믿음의 발걸음을 내디딜 준비가
되었어요. 내 평생의 모든 날에 그대와 함께 춤출 준비가
되었습니다.

사랑합니다.
다시 춤추고 싶은 그대의 신부

딸아,
너는 나의
신부란다

춤을 추면서 그 이름을 찬양하여라. 소구치
고 수금을 타면서 노래하여라.

시편 149:3

나의 신부야,

너는 내 마음을 사로잡았단다. 나는 늘 너를 사랑할 거야. 내가 너를 처음 생각했던 순간부터 너를 사랑하고 흠모했다. 이 사랑은 결단코 끝나지 않고 내 마음에 늘 품고 있단다. 네가 평생 살아가는 동안 내가 너를 극진히 사랑한다는 사실을 잊지 말아라. 나의 애정을 얻기 위해 굳이 노력할 필요는 없다. 네가 무슨 말이나 무슨 행동을 하든지 너를 생각하는 내 마음은 변함이 없기 때문이다. 나는 네가 고귀한 신부가 되도록 너를 선택했단다. 네 영혼이 내 속에 자리 잡고 나와 하나가 된다면, 내가 영원히 또 항상 너에게 헌신한다는 것을 너는 전혀 의심하지 않게 될 것이다.

사랑한다.
끊임없이 너를 사랑하는 왕자

사람이 자기 친구를 위하여 자기 목숨을
내놓는 것보다 더 큰 사랑은 없다.

요한복음 15:13

나의 왕자님,

나를 늘 정결케 하는, 끝없는 그대의 사랑에 푹 잠기고 싶어요. 그런데도 나는 용서의 바다에서 나의 얼룩을 씻도록 그대에게 허용하지 않을 때가 종종 있습니다. 나는 사랑받을 자격이 없다고 느끼곤 합니다. 그래도 이제는 문지방을 넘어 그대와 친밀한 사랑의 관계 속으로 들어가고 싶어요. 그러니 그대의 생수를 나에게 흠뻑 퍼부어주셔서 내가 영원히 새로워지게 해주세요.

사랑합니다.
그대와 사랑에 빠지고 싶은 신부

주님, 주님께서 나의 간구를 들어주시기에,
내가 주님을 사랑합니다.

시편 116:1

나의 신부야,

나와 함께 가자. 그러면 내 눈에 비치는 세상을 너에게 보여주마. 네가 볼 만한 것이 무척 많으니 하나도 놓치지 말아라. 내가 너의 세계에 들어가게 되면, 너의 영은 보물 같은 진리의 속삭임을 듣게 될 거야. 지금 내 손을 너에게 내밀고 있다. 내 손을 잡고 오늘 내가 너의 길을 인도하게 해주겠니? 너와 함께 놀라운 모험의 길을 걷고 싶구나. 오늘 너에게 가까이 가서 사랑을 듬뿍 쏟아주고 싶을 뿐이다. 그러니 내 손을 꼭 잡고 절대로 놓지 말아라.

사랑한다.
너와 가까워지고 싶은 너의 주님

이날은 주님이 구별해 주신 날,
우리 모두 이날에 기뻐하고 즐거워하자.

시편 118:24

오늘 하루를 나에게 다오
Give Me Your Day

나의 왕자 예수님,

세상의 구원자인 예수님과의 산책을 내가 어떻게 거절할 수 있겠어요? 그동안 그대와 가까이 걷지 않았던 많은 날을 생각하면 내 마음이 아픕니다. 그대는 아침마다 나를 기다리고 계시는데, 내가 그걸 잊어버릴 때는 그대의 마음도 아팠겠지요. 그 모든 날을 그대와 함께하지 않았던 나를 용서해주세요. 오늘부터는 그대를 나의 삶에 초대하고 싶습니다. 우리가 함께 이 삶의 길을 걸을 때 그대의 손을 꼭 잡는 것을 잊지 않게 해주세요. 주님, 사랑합니다.

사랑을 담아,
지금 그대를 초대하는 신부

딸아,
너는 나의
신부란다

주님, 주님께서 계시는 집을 내가 사랑합니
다. 주님의 영광이 머무르는 그곳을 내가 사
랑합니다.

시편 26:8

내 어깨에 기대고 울어라
Cry on My Shoulder

나의 아름다운 신부야,

너는 결코 혼자가 아니란다, 내 사랑아. 네가 상처를 받으면 나도 상처를 받는다. 네가 나 없이 울고 있는 모습을 보면 내 마음이 너무 아프단다. 내가 너와 함께 여기에 있으니 눈물을 흘릴 때 너의 기댈 어깨가 되고 싶구나. 나도 깨어진 세상에서 살아보았단다. 이제 우리는 함께 모든 일을 겪게 될 거야. 나는 너의 깨어진 마음을 치유할 수 있고 또 치유할 것이다. 너에게 어둠의 시간이 닥칠 때는 내 이름 예수를 큰 소리로 불러라. 그러면 내가 너를 꼭 안아주마. 그러니 나에게 너를 사랑할 기회를 주겠니? 그러면 새날의 빛을 보고 기쁨을 다시 맛보게 해주겠다고 약속할게.

사랑한다.
네 눈물을 닦아줄 왕자

그분께서 네 입을 웃음으로 채워주시면
네 입술은 즐거운 소리를 낼 것이니.

욥기 8:21

내 어깨에 기대고 울어라
Cry on My Shoulder

평화의 왕자님,

그대는 진실로 내 인생의 사랑입니다. 그대의 신부가 지금 그대에게 울부짖고 있습니다. 그래요, 내가 우는 동안 오셔서 나를 붙들어주세요. 그대에게 언제든지 나아갈 수 있어서 얼마나 위로가 되는지 몰라요. 내가 어둠 속에 홀로 있지 않다고 하시니 정말 감사합니다. 나의 주님이 하늘로부터 사랑스런 손길로 내 눈물을 닦아주신다니 정말 고마워요. 내가 다시 평안을 찾을 때까지 나를 꼭 안아주세요. 내가 아플 때는 그대에게 기도하는 것을 잊지 않게 해주세요.

사랑합니다.
늘 그대의 품에 안기고 싶은 신부

딸아,
너는 나의
신부란다

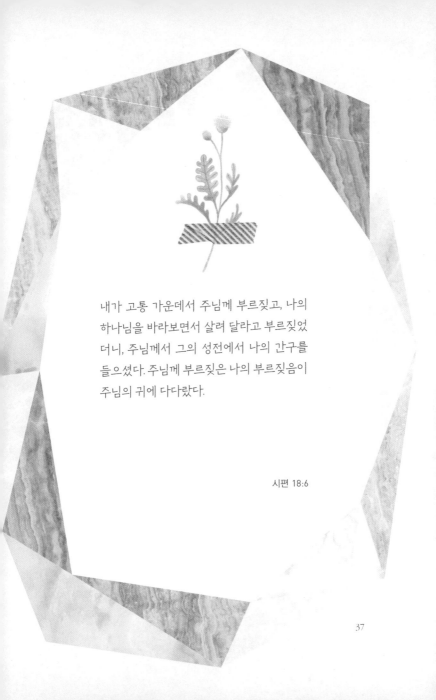

내가 고통 가운데서 주님께 부르짖고, 나의
하나님을 바라보면서 살려 달라고 부르짖었
더니, 주님께서 그의 성전에서 나의 간구를
들으셨다. 주님께 부르짖은 나의 부르짖음이
주님의 귀에 다다랐다.

시편 18:6

나의 귀한 신부야,

나는 너의 영웅이다. 네 생명을 구하기 위해 나는 이미 죽었단다. 내가 여기에 있는 이유는 네가 너무 지쳐서 절망의 바다에 빠져 죽지 않게 하고 너를 물가로 데려가기 위해서란다. 내가 네 영혼을 소생시켜서 네 발이 든든한 땅에 다시 설 수 있게 해줄게. 네가 나를 부를 때는 아무도 내가 너에게 가는 것을 막지 못할 거야. 나는 너를 위험에서 구출하는 것을 좋아한단다. 그러니 다음에 구출의 손길이 필요하면 나를 불러다오. 내가 갈게.

사랑한다.
너의 구원자

네가 물 가운데로 건너갈 때에 내가 너와 함께 하고, 네가 강을 건널 때에도 물이 너를 침몰시키지 못할 것이다. 네가 불 속을 걸어가도 그을리지 않을 것이며, 불꽃이 너를 태우지 못할 것이다.

이사야서 43:2

39

내가 너를 구출해줄게
I Will Come to Your Rescue

나의 왕자 예수님,

나를 구해주는 영웅이 계시다는 말을 듣고 깜짝 놀랐습니다! 세상의 구원자가 나의 왕자가 되셨다니 나는 얼마나 복을 받은 사람인지요. 그리고 그대가 하늘에서 손을 뻗어 내가 절망의 바다에 빠져 죽지 않게 하신다는 것도 놀라운 소식입니다. 나에게는 정말로 그대가 필요해요. 내가 그대를 얼마나 사랑하는지는 이루 말로 표현할 수 없어요.

사랑합니다.
구출 받기를 좋아하는 공주

주님께서 높은 곳에서 손을 내밀어 나를
움켜잡아 주시고, 깊은 물에서 나를 건져
주셨다.

시편 18:16

나에게 노래를 불러라
Sing to Me

나의 신부야,

내 안에 있는 너의 삶은 한편의 교향곡이다. 이 순간 너는 작곡가인 내가 짓고자 하는 한편의 노래란다. 내 신부야, 네 찬송은 내 마음에 흐르는 음악이다. 나는 네가 나에게 노래할 때가 좋다. 네가 허락하기만 하면 내가 네 영혼 속에 평생 즐길 아름다운 멜로디를 심어줄게. 네 찬송은 너의 왕자에게 하나의 복이고, 네가 드리는 찬송의 제사로 인해 너는 복을 받게 될 것이다. 그러니 너의 귀한 입술을 열어라. 그러면 내가 네 노랫소리를 듣고 온 하늘도 그 기뻐하는 소리를 듣게 될 거야!

사랑한다.
하늘에서 노래를 듣는 왕자

딸아.
너는 나의
신부란다

내가 살아 있는 동안 나는 주님을 노래할 것이다. 숨을 거두는 그때까지 나의 하나님께 노래할 것이다. 내 묵상을 주님이 기꺼이 받아 주시면 좋으련만! 그러면 나는 주님의 품 안에서 즐겁기만 할 것이다.

시편 104:33~34

나의 왕자님,

그대를 위해 찬양할 때는 내 마음이 날아오릅니다. 그대가
나를 위해 행하신 그 모든 일과 비교하면 찬양의 노래가
너무 소박하지만 말입니다. 그래도 그대를 향한 나의 깊은
사랑을 표현하고 싶어요. 그래서 내 찬송이 그대를 기쁘게
한다면 내 입술을 열고 마음을 다해 노래할게요! 그리고
나의 삶은 내 입술로 표현할 수 없는 멜로디가 되기를 바
랍니다.

사랑합니다.
그대를 찬송하는 공주

주님, 나의 마음을 다 바쳐서 감사를 드립니다. 주님의 놀라운 행적을 쉼 없이 전파하겠습니다. 가장 높으신 주님, 내가 주님 때문에 기뻐하고 즐거워하며 주님의 이름을 노래합니다.

시편 9:1~2

나의 귀한 공주야,

너는 내 신부이니 필요한 것은 무엇이든 내게 부탁해도 된다. 예상치 못한 방법으로 내가 공급해줄게. 나는 네 영혼 깊숙한 곳에서 너를 만날 수 있단다. 네 마음에 소원을 품게 하는 이도 바로 나란다. 너는 내가 정말로 거기에 있다는 것을 믿기가 두려울 때도 있을 거야. 그래도 나는 거기에 있단다. 지금 네 삶의 모습이 어떻든지 나는 모든 것이 합력하여 네게 유익이 되도록 일하고 있다. 너를 돌보는 일을 말할 수 없이 기뻐하는 내 안에서 쉼을 얻어라.

사랑한다.
네게 필요한 것을 공급하는 왕자

너희가 내 이름으로 구하는 것은, 내가 무엇
이든지 다 이루어 주겠다. 이것은 아들로 말
미암아 아버지께서 영광을 받으시게 하려는
것이다. 너희가 무엇이든지 내 이름으로 구
하면, 내가 다 이루어 주겠다.

요한복음 14:13~14

너의 필요를 채워줄게
I Will Meet Your Needs

나의 왕자님,

이제껏 내가 그대의 자리를 차지해 나의 필요를 채우려고 노력했던 적이 많았습니다. 그런 나를 용서해주세요. 바로 지금 나의 미래를 그대의 손에 맡깁니다. 이제는 무슨 일이 있어도 그대의 보좌 앞에 나아가고 그대를 신뢰할 준비가 되었습니다. 오늘 나의 모든 두려움을 떨쳐버리고 새롭게 그대만을 믿고자 합니다. 그대는 내가 부탁하는 것 이상으로 공급해주실 줄 압니다.… 다시는 의심하지 않게 해주세요.

사랑합니다.
그대를 믿는 공주

딸아,
너는 나의
신부란다

나의 하나님께서 자기의 풍성하심을 따라
그리스도 예수 안에 있는 영광으로 여러분
에게 필요한 것을 모두 채워주실 것입니다.

빌립보서 4:19

나는 너의 반석이다
I Will Be Your Rock

나의 사랑하는 신부야,

지금은 나의 약속을 믿고 이생에 닥칠 폭풍에서 너를 보호
해줄 나를 신뢰할 때다. 나는 진실로 네 마음이 갈망하던
빛나는 갑옷을 입은 기사란다. 나는 이미 너를 위해 내 목
숨을 주었고, 너의 감춰진 두려움을 안단다. 인생의 어려
움이 닥칠 때 너는 나를 바라보는 법을 배워야 한다. 네 주
변이 온통 가라앉는 모래처럼 보일 때도 나는 네가 설 수
있는 반석이란다. 나의 말씀 위에 우뚝 서고 그 말씀을 네
마음속에 감춰놓아라. 그러면 다시는 절망에 빠지는 일이
없을 것이다.

사랑한다.
너의 왕자이자 반석

딸아,
너는 나의
신부란다

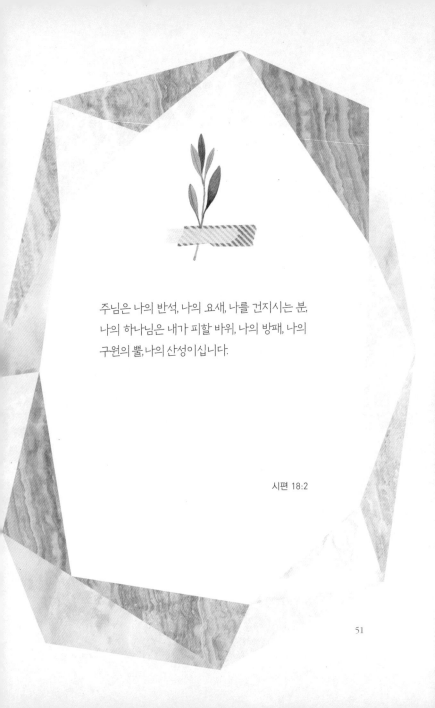

주님은 나의 반석, 나의 요새, 나를 건지시는 분,
나의 하나님은 내가 피할 바위, 나의 방패, 나의
구원의 뿔, 나의 산성이십니다.

시편 18:2

나는 너의 반석이다
I Will Be Your Rock

나의 구원자여,

그렇습니다, 나는 그대의 구원이 필요합니다. 제발 나를 구출해주세요. 그대는 나의 반석이자 나의 강한 왕자가 되어야 합니다. 더는 홀로 서고 싶지 않아요. 그대가 내 인생의 힘이 되어주세요. 두려움에 떠는 내 마음을 꼭 붙들어주시고 나의 발을 반석 같은 그대의 말씀 위에 굳게 세워주십시오. 다시는 이 반석에서 떠나지 않기를 바랍니다.

사랑합니다.
이제 우뚝 설 준비가 된 신부

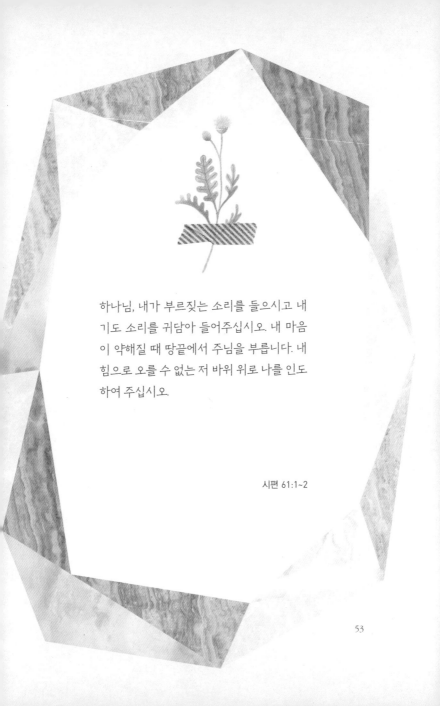

하나님, 내가 부르짖는 소리를 들으시고 내
기도 소리를 귀담아 들어주십시오. 내 마음
이 약해질 때 땅끝에서 주님을 부릅니다. 내
힘으로 오를 수 없는 저 바위 위로 나를 인도
하여 주십시오.

시편 61:1~2

나는 약속을 늘 지킨다
I Always Keep My Promises

나의 소중한 신부야,

나는 네게 한 약속을 절대로 깨지 않을 거야. 성경에 기록된 그대로 너를 위해 행할 것이다. 네가 사람들에게 실망했다고 나에 대해 불안해할 필요가 없다. 나는 사람이 아니라 너의 영원한 남편이요 주님이란 사실을 꼭 기억해라. 나는 진리란다. 내가 과연 너를 위해 올 것인지에 대해 염려할 필요가 없다. 내가 네게 맺은 모든 서약은 나의 완벽한 때에 진실로 입증될 것이다. 내 입에서 나오는 모든 말은 신성한 진리란다. 네가 나의 완벽한 때를 기다리기만 하면 절대로 실망하지 않을 거야.

사랑한다.
네가 신뢰할 수 있는 왕자

딸아,
너는 나의
신부란다

주님의 나라는 영원한 나라이며 주님의 다
스리심은 영원무궁합니다. (주님이 하시는
말씀은 모두 다 진실하고, 그 모든 업적에는
사랑이 담겨 있다.)

시편 145:13

나는 약속을 늘 지킨다
I Always Keep My Promises

나의 왕자님,

나의 주님이신 그대를 신뢰하고 싶습니다. 그런데 아무도 자기 약속을 지키지 않을 것이란 생각이 들 때가 있어요. 그대를 때때로 의심하는 나를 용서해주세요. 그대는 약속을 깬 사람들과 다른 분임을 내가 기억하게 도와주세요. 그대는 참으로 신실하고 진실한 분입니다. 오늘부터 나의 믿음을 되살려주세요. 이제까지 모든 약속을 다 지킨 그대를 신뢰하기를 원합니다.

사랑합니다.
신뢰를 배우고 있는 신부

딸아,
너는 나의
신부란다

하나님께서 하시는 일은 흠도 없다. 주님께서 하
시는 말씀은 티도 없다. 주님께로 피하여 오는 사
람에게 방패가 되어주신다.

시편 18:30

나의 귀한 공주야,

너는 나에게 너무나 소중하다. 내가 얼마나 자주 너를 생각하는지는 도무지 헤아릴 수 없단다. 밤낮으로 너에 대해 생각한다. 너는 항상 내 마음에 있다. 너는 내 가슴 속에 감춰져 있고 영원히 나의 일부란다. 나는 네 삶의 세세한 부분까지 관심이 있고, 너무 바빠서 네게 집중하지 못할 일은 없단다. 그러니 너는 이 넓은 세상의 어느 곳에 있든지 내 생각이 너와 함께한다는 것을 알고 안심해라. 물론 내 마음도 너와 함께한다.

사랑한다.
너를 생각하길 좋아하는 왕자

하나님, 주님의 생각이 어찌 그리도 심오한
지요? 그 수가 어찌 그렇게도 많은지요? 내
가 세려고 하면 모래보다 더 많습니다. 깨어
나 보면 나는 여전히 주님과 함께 있습니다.

시편 139:17~18

나의 사랑하는 왕자님,

나의 신랑이여, 나는 날마다 그대에게 더욱더 반하고 있어요. 영원은 너무 멀리 있는 듯 보여도, 내 마음은 어느 순간에든 얼굴을 맞대고 그대를 볼 수 있음을 알고 있습니다. 그대가 내 곁에 있다는 것을 느끼고 싶은 심정이 간절합니다. 그러나 그 영광스러운 날이 오기까지는 세상의 구원자가 나를 생각하고 계시다는 것만 알아도 큰 격려가 됩니다. 새날이 올 때마다 그대가 그대의 사랑을 나에게 보여줄 때 나도 끊임없이 그대를 찾게 되기를 바랍니다.

사랑합니다.
내가 그대의 마음에 있다는 것을 아는 신부

딸아,
나는 나의
신부란다

나의 형질이 갖추어지기도 전부터 주님께서는 나를 보고 계셨으며, 나에게 정하여진 날들이 아직 시작되기도 전에 이미 주님의 책에 다 기록되었습니다.

시편 139:16

너를 인도해주고 싶다
Let Me Lead You

나의 신부야,

나는 길이란다. 네 평생의 모든 날 동안 내가 너를 인도하게 해주겠니? 내가 오래전에 준비한 길로 네 아름다운 다리가 걷도록 해주고 싶은데, 괜찮겠니? 나와 함께 가자. 네 마음을 전율케 할 놀라운 모험의 길을 함께 걷자, 내 사랑아. 장차 위대한 유산을 남길 그런 인생을 너에게 선사하고 싶단다. 내가 너를 인도하도록 허락해주면 너는 절대로 실망하지 않을 거라고 약속한다.

사랑한다.
너를 인도하고 싶은 왕자

딸아,
너는 나의
신부란다

주님께서 말씀하신다. "네가 가야 할 길을 내
가 너에게 지시하고 가르쳐 주마. 너를 눈여
겨보며 너의 조언자가 되어주겠다."

시편 32:8

너를 인도해주고 싶다
Let Me Lead You

나의 왕자님,

오늘 나는 그대의 인도를 기꺼이 받아들이겠습니다. 나를 위해 자기 목숨을 주신 그대의 요청을 내가 어떻게 거절할 수 있겠습니까? 내가 그대의 영원한 나라에 들어가는 그 날까지 남은 생애 동안 그대를 따르는 것을 영광으로 생각할 것입니다. 제발 내 손을 잡고 풍성한 삶에 이르는 길을 보여주세요. 내 귀를 열어주셔서 그대의 조용한 목소리를 듣고 그대가 인도하는 대로 따라가게 해주세요.

사랑합니다.
그대의 인도를 간절히 바라는 공주

딸아,
너는 나의
신부란다

이렇게 나를 좋아하시는 분이시기에 나를
넓고 안전한 곳으로 데리고 나오셔서, 나를
살려 주셨다.

시편 18:19

너를 위해 싸우겠다
I Will Fight for You

나의 용감한 신부야,

네가 살면서 겪는 모든 싸움을 내가 대신 하도록 허락해주
길 바란다. 내 신부가 자기 힘으로 싸우다가 탈진되는 모
습을 나는 보고 싶지 않다. 네가 직면하는 싸움은 이미 이
긴 것이나 다름이 없단다! 이제 내 뒤에 서서 너의 강한 왕
자가 적의 공격으로부터 너의 영혼을 보호하도록 해주렴.
나는 너의 용사이자 너의 보호자란다. 내가 네 앞에 서서
너를 위해 싸우는 한, 아무것도 너를 압도하지 못할 것이
다. 나의 사랑하는 신부를 위해 싸우러 나가는 일을 나는
좋아한단다.

사랑한다.
너의 왕자이며 보호자

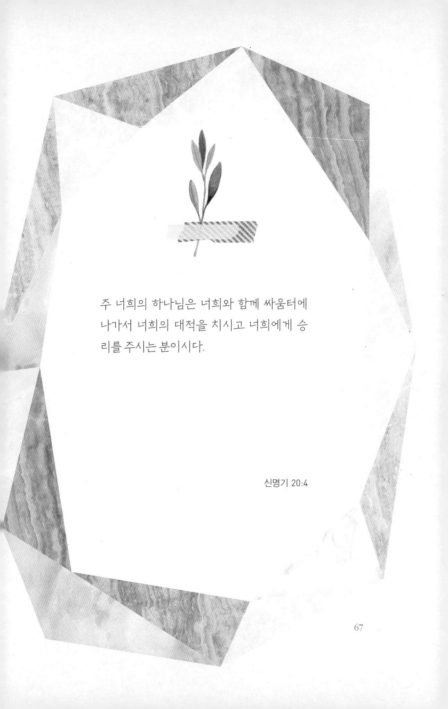

주 너희의 하나님은 너희와 함께 싸움터에
나가서 너희의 대적을 치시고 너희에게 승
리를 주시는 분이시다.

신명기 20:4

너를 위해 싸우겠다
I Will Fight for You

나의 왕자님,

나는 나의 멋진 용사인 그대가 나를 위해 싸우도록 허락할 준비가 되었어요. 나 홀로 이 싸움을 싸우다가 지쳐버렸습니다. 오직 그대만이 내 삶에 승리를 안겨줄 분입니다. 나는 나를 아프게 한 사람들을 아프게 하려고 날카로운 행동과 말을 했는데, 그런 나를 용서해주세요. 그대가 나의 방패와 힘이 되어주셔서 정말 감사해요.… 나를 위해 싸워주시는 것도 감사하고요.

사랑합니다.

그대 뒤에 설 준비가 된 신부

딸아,
너는 나의
신부란다

나의 힘이신 주님,
내가 주님을 사랑합니다.

시편 18:1

내가 어떻게 해줄까?
What Must I Do?

나의 사랑아,

나를 믿어도 좋다. 네가 네 왕자를 의심할 때는 내 마음이 너무 아프단다. 내가 누군지를, 그리고 네가 나의 사람이란 것을 증명하려면 내가 어떻게 해야 할까? 네게 취침 인사를 하기 위해 또 다른 일몰을 그릴 수 있을까? 네 눈에 광채를 일으키기 위해 내가 하늘에 더 많은 별을 둘 수 있을까? 네가 내게 부르짖는 밤에 한 번 더 너를 위로할 수 있을까? 나의 신부가 드리는 기도에 다시 한번 내가 응답할 수 있을까? 필요하면 내가 무슨 일이든지 할거란다. 내가 여기에 있다는 것을 증명하기 위해 온갖 방법을 다 동원할 거야.

사랑한다.
실제로 존재하는 왕자

딸아,
너는 나의
신부란다

하늘은 하나님의 영광을 드러내고 창공은 그의
솜씨를 알려 준다. 낮은 낮에게 말씀을 전해 주
고 밤은 밤에게 지식을 알려 준다.

시편 19:1~2

71

나의 주님,

그대가 나와 함께 있다는 것을 믿으려고 얼마나 씨름했는지 모릅니다. 그대가 거듭해서 그대의 존재를 증명했는데도 나는 아직도 의심하고 있습니다. 그래서 다시 부탁할게요. 그대의 존재를 더 생생하게 제게 보여주세요. 그리고 그대에 대한 믿음을 다시는 잃지 않게 도와주세요. 그대의 신부에게 한없는 인내를 베풀어주셔서 정말 감사합니다.

사랑합니다.
그대를 믿기로 결심하는 신부

주의 나라는 영원한 나라이므로
주는 대대로 통치하실 것입니다.

시편 145:13 [현대인의 성경]

내가 불빛을 비춰줄게
I Will Leave the Light On

나의 신부야,

나는 "세상의 빛"이다. 나는 너의 빛이요 네 인생의 사랑
이란다. 너의 세계가 춥고 어둡다고 느낄 때는 내가 너를
속에서부터 따뜻하게 해줄 수 있다. 네 왕자가 네 길을 밝
혀주도록 네가 허용하기만 하면 너는 절대 넘어지지 않을
것이다. 나는 어둠 속에서도 볼 수 있어서 네 길에 놓인 장
애물을 치워주려고 여기에 있단다. 그러니 두려워하지 말
아라. 혹시 네가 넘어지면 내가 사랑스러운 팔로 너를 일
으켜줄게. 그리고 네가 나에게 되돌아오는 길을 찾을 수
있도록 늘 불빛을 비춰줄게. 안심해라.

사랑한다.
네 길에 빛을 비춰주는 왕자

딸아,
너는 나의
신부란다

아, 주님, 진실로 주님은 내 등불을 밝히십
니다. 주 나의 하나님은 나의 어둠을 밝히십
니다.

시편 18:28

내가 불빛을 비춰줄게
I Will Leave the Light On

나의 왕자님,

그대는 참으로 내 세계의 빛이요 내 인생의 사랑입니다. 그대가 가까이 있을 때는 내가 아무것도 두려워할 필요가 없다는 것을 알아요. 내가 그대에게서 멀어졌을 때는 되돌아가는 길을 비춰주세요. 어둠 속에서도 내가 길을 잃지 않을 수 있다는 것을 알게 도와주세요. 내 눈은 보지 못할지라도 그대의 눈은 볼 수 있음을 믿도록 나를 꼭 붙들어 주십시오.

사랑합니다.
그대를 찾기로 다짐하는 신부

딸아,
너는 나의
신부란다

생명의 샘이 주님께 있습니다. 우리는 주님
의 빛을 받아 환히 열린 미래를 봅니다.

시편 36:9

나의 바쁜 신부야,

타임아웃을 갖고 나와 함께 쉬어라. 네 영이 생기를 회복
할 시간이 필요하단다. 나와 함께 떠나도록 하자, 사랑하
는 신부야. 너의 영원한 남편이 지친 네 영혼을 재충전해
주고 싶구나. 이생의 염려를 내려놓고 우리 함께 한동안
멀리 가면 좋겠다. 생수로 가득한 내 강에서 첨벙거리면
네 영혼이 소생하게 될 거야. 나는 지금도 기다리는 중이
다.… 네가 떠날 준비가 될 때까지. 나에게 와라. 그러면 우
리 함께 평화로운 장소로 몸을 피할 수 있을 거야.

사랑한다.
네가 안식할 장소인 왕자

그 때에 예수께서 이렇게 말씀하였다… "수
고하며 무거운 짐을 진 사람은 모두 내게로
오너라. 내가 너희를 쉬게 하겠다."

마태복음 11:28

나의 왕자님,

나는 이생의 염려를 내려놓고 그대와 함께 떠날 준비가 되었습니다. 그대와 함께 있고 싶은 마음이 간절해요. 그대처럼 나를 새롭게 해줄 존재는 없습니다. 그대처럼 내 영혼을 어루만지고 나를 사랑해줄 존재는 없어요. 한동안 세상을 뒤로하고 그대와 함께 쉬고 싶습니다. 이제 잔잔한 물가에 누울 수 있는 곳으로 나를 데려가 주세요.

사랑합니다.

오직 그대에게 속한 공주

딸아,
너는 나의
신부란다

나를 푸른 풀밭에 누이시며 쉴 만한 물가로
인도하신다. 나에게 다시 새 힘을 주시고, 당
신의 이름을 위하여 바른 길로 나를 인도하
신다.

시편 23:2~3

내가 너를 지켜줄게
I Will Defend You

나의 사랑하는 신부야,

누구든지 말로 너에게 상처를 주면 나에게 상처를 주는 셈이란다. 너는 나의 영광의 그릇이고 은혜의 트로피이기 때문이지. 누군가가 너에게 거짓말을 하면 너는 진실을 분별하기 위해 나를 바라보아라. 너를 방해하는 사람이 있다면 그는 나를 대면해야 할 것이다. 너는 보물 같은 내 말씀 속에 숨어라. 그러면 네가 얼마나 귀중한 사람인지를 수시로 생각나게 해줄게. 나는 너의 주님이요 왕자란다. 네가 직면하는 싸움은 너의 것이 아니고 너를 위해 감당할 내 싸움이다. 나는 그들의 모욕과 공격을 감당할 수 있어도 너는 너무 연약해서 홀로 영적 전쟁을 치를 수 없단다. 그러니 내 뒤에 서라. 내가 끝까지 너를 지켜줄게.

사랑한다.
너의 주님이요 방어자

딸아,
너는 나의
신부란다

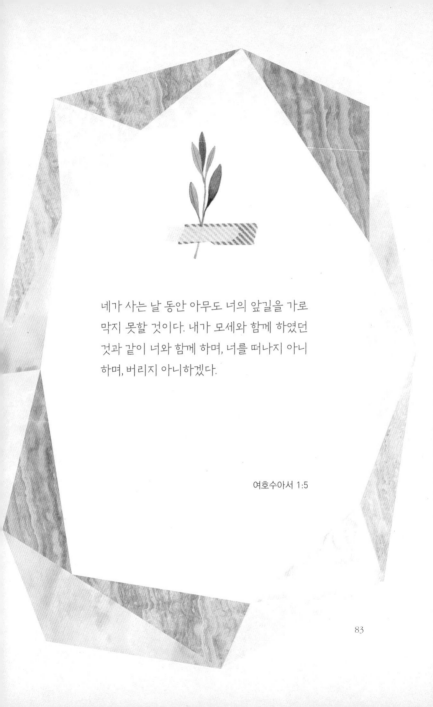

네가 사는 날 동안 아무도 너의 앞길을 가로
막지 못할 것이다. 내가 모세와 함께 하였던
것과 같이 너와 함께 하며, 너를 떠나지 아니
하며, 버리지 아니하겠다.

여호수아서 1:5

내가 너를 지켜줄게
I Will Defend You

나의 주님,

이제껏 거짓말 때문에 많은 상처를 받았습니다. 제발 상처 받은 내 마음을 치유해주세요. 내가 그대와 함께 앉아서 말씀을 읽을 때, 날마다 내가 진정 누군지를 가르쳐주세요. 모든 거짓말을 그대의 진리와 바꾸고 싶습니다. 그대가 다시금 내 마음을 새롭게 하고 내 영에 기운을 북돋워주십시오. 내가 스스로 포기할지라도 그대는 결코 나를 포기하지 않아서 정말 감사합니다.

사랑합니다.
그대의 진리를 사랑하는 공주

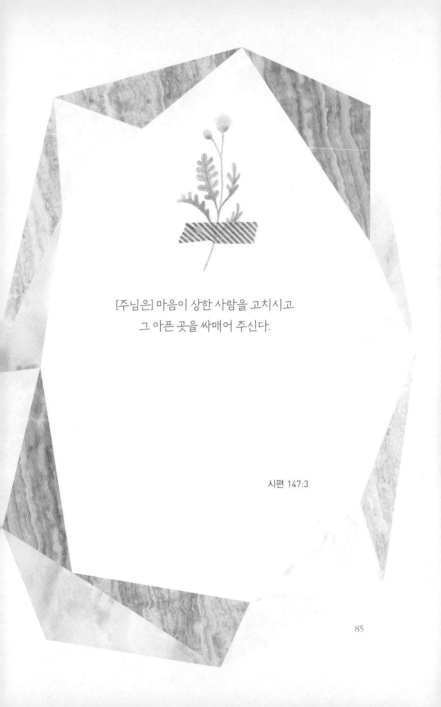

[주님은] 마음이 상한 사람을 고치시고
그 아픈 곳을 싸매어 주신다.

시편 147:3

네가 부르면 언제든지 달려갈게
I Will Always Come When You Call

나의 신부야,

네가 나를 부르면 언제든지 달려갈게. 내가 필요할 때는 수시로 나를 불러라. 그러면 내가 가서 위로해줄게. 내 이름을 부르는 네 목소리는 아무리 들어도 지겹지 않단다. 네 마음이 깨어지면 나는 모든 조각을 제자리로 되돌려 놓고 싶다. 네가 공허하게 느낄 때는 내가 네 마음을 가득 채워줄 거야. 네 영이 부서질 때는 내가 네 영혼을 소생시켜 줄 거야. 나의 공주야, 내가 필요할 때는 언제나 내가 여기에 있다는 것을 꼭 기억해라. 나를 부르면 내가 응답해줄게.

사랑한다.
언제든지 기도로 만날 수 있는 너의 왕자

딸아,
너는 나의
신부란다

의인이 부르짖으면 주님께서 반드시 들어
주시고, 그 모든 재난에서 반드시 건져 주신
다. 주님은 마음 상한 사람에게 가까이 계시
고, 낙심한 사람을 구원해 주신다.

시편 34:17~18

네가 부르면 언제든지 달려갈게
I Will Always Come When You Call

나의 왕자님,

나는 그대를 부르는 것을 좋아합니다. 하나님의 아들이 나의 부르짖음을 들으면 친히 와서 나를 구출해주신다니 얼마나 큰 위로가 되는지 모릅니다. 나의 사정을 잘 아는 분을 내가 알게 된 것이 얼마나 큰 축복인지요. 사랑하는 그대여, 그대의 성품과 그대가 행한 일을 생각하면 감사하지 않을 수 없습니다. 그대의 신부가 된 것은 축복 중의 축복입니다.

사랑합니다.
영원히 감사할 수밖에 없는 그대의 신부

내가 고통 가운데서 주님께 부르짖고, 나의
하나님을 바라보면서 살려 달라고 부르짖었
더니, 주님께서 그의 성전에서 나의 간구를
들으셨다. 주님께 부르짖은 나의 부르짖음이
주님의 귀에 다다랐다.

시편 18:6

나의 신부야,

나는 너의 세계를 아름답게 가꿔주는 일이 무척 기쁘단다. 나의 헌신이 의심스러울 때는 언제나 나를 찾아라. 그러면 내가 너를 얼마나 열렬히 사랑하는지 보여주는 새로운 방법을 만들어볼게. 우선 네 영이 유쾌하도록 하늘을 천국의 복들로 채색할 거야. 내가 모든 약속을 지킨다는 것을 기억하도록 흐린 날에 찬란한 무지개를 그려줄게. 네가 미소 지을 수 있게 고운 꽃들을 키워줄게. 나는 너의 날들을 향기롭게 하고 네 짐을 대신 나르려고 여기에 있단다. 뜨거운 날에는 네 얼굴에 시원한 바람을 보내어 내가 얼마나 너를 사랑하는지 생각나게 해줄게.

사랑한다.
너의 주님이며 창조자

딸아,
너는 나의
신부란다

주님은 하늘을 구름으로 덮으시고 땅에 내
릴 비를 준비하시어 산에 풀이 돋게 하시며.

시편 147:8

너의 세계를 아름답게 채색해줄게
I Will Color Your World

나의 왕자님,

나에게 그토록 헌신하셨다니 너무나 감격스럽습니다. 그대가 나의 기쁨을 위해 창조하신 그 놀라운 것들을 미처 보지 못했던 날들을 생각하면 마음이 아픕니다. 이생의 염려 때문에 눈이 어두워졌을 때가 너무 많았어요. 이제 내 눈을 열어주셔서 그대의 사랑이 표현되는 장면을 놓치지 않게 해주세요. 나의 세계를 아름답게 채색해주셔서 정말 감사합니다.

사랑합니다.
그대를 흠모하는 신부

진실로 주님의 선하심과 인자하심이 내가 사
는 날 동안 나를 따르리니, 나는 주님의 집으로
돌아가 영원히 그곳에서 살겠습니다.

시편 23:6

너에게 날개를 달아줄게
I Will Give You Wings to Fly

나의 사랑하는 신부야,

네 마음이 꿈을 꾸고 싶어 한다는 것을 안다. 네가 품은 희망에서 시선을 떼지 말아라. 네가 이 땅에서 사는 동안 위대한 일을 하고픈 열정을 네 마음에 둔 것은 바로 나란다. 내가 정한 때에 너를 높이 올려주고 싶다. 네가 기꺼이 나를 기다리면 내가 너를 꿈이 실현되는 곳으로 데려가 줄게. 너에게 날개를 달아주고 싶구나. 네가 홀로 날 수 있는 곳보다 더 높이 올려줄 수 있는 존재는 나밖에 없단다. 네가 나와 함께 높이 솟아오르면 온 세계를 전혀 새로운 관점에서 보게 될 거야.

사랑한다.
너를 높이 올려주는 왕자

오직 주님을 소망으로 삼는 사람은 새 힘을
얻으리니, 독수리가 날개를 치며 솟아오르듯
올라갈 것이요, 뛰어도 지치지 않으며, 걸어
도 피곤하지 않을 것이다.

이사야서 40:31

나의 왕자님,

그대는 내가 가고 싶은 곳으로 나를 데려가는 바람입니다. 나의 삶을 향기롭게 만드는 향기로운 향입니다. 그래요, 그대를 잘 기다려서 날개를 달고 싶어요. 정해진 때에 높이 솟아오를 수 있도록 나를 준비시켜 주세요. 그대가 제발 나의 힘이 되셔서 내가 이 경주를 잘 마치고, 기다리는 동안 포기하거나 지치지 않게 해주십시오. 날개를 달아주실 것을 바라보며 미리 그대에게 감사를 드립니다.

사랑합니다.
그대와 함께 날고 싶은 신부

딸아,
너는 나의
신부란다

우리 가운데서 일하시는 능력을 따라, 우리
가 구하거나 생각하는 것 이상으로 더욱 넘
치게 주실 수 있는 분에게… 영광이 대대로
영원무궁하도록 있기를 빕니다.

에베소서 3:20~21

절대로 너를 떠나지 않을 거야
I Will Never Leave You

나의 공주야,

네가 몸담은 세계는 많은 관계가 파국에 이르는 곳이란
것을 나도 안다. 그러나 나는 사람이 아니고 너의 주님이
요 너의 왕자란다. 나는 절대로 너를 떠나거나 버리지 않
을 거야. 네가 나와 함께 걷는 한 결코 홀로 걷는 일은 없
을 것이다. 네가 어디에 있든지 내가 너와 함께 있고, 나는
절대로 너를 버리지 않겠다. 혹시 내가 여기에 있는지 의
심스러우면 나에게 요청하기만 해라. 그러면 특별한 방식
으로 나 자신을 너에게 나타내줄게. 무슨 수를 써서라도
나의 신실함을 너에게 보여주마. 내가 너를 돌보고 있다는
것을 믿어도 좋다. 네가 나를 바라보는 한 나는 너를 실망
하게 하지 않을 거야.

사랑한다.
항상 너의 신랑으로 남을 왕자

딸아,
너는 나의
신부란다

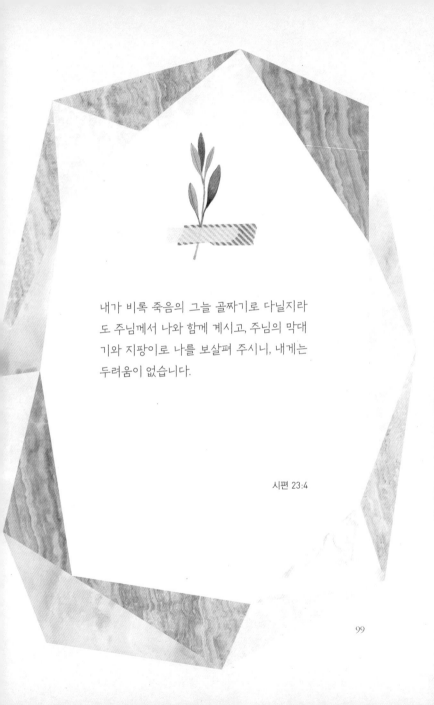

내가 비록 죽음의 그늘 골짜기로 다닐지라도 주님께서 나와 함께 계시고, 주님의 막대기와 지팡이로 나를 보살펴 주시니, 내게는 두려움이 없습니다.

시편 23:4

절대로 너를 떠나지 않을 거야
I Will Never Leave You

나의 신실한 왕자님,

나의 진정한 사랑이 되어주셔서 감사합니다. 다른 사람들은 나를 떠나도 그대는 나의 삶에 들어오시는 분이라서 너무 좋습니다. 내가 그대의 사람이라서 나를 홀로 두지 않으신다니 정말 큰 위로가 됩니다. 그대의 신실함은 내 존재의 토대입니다. 나의 영적인 눈을 열어주셔서 그대를 볼수 있게 해주세요. 그리고 그대의 임재를 느끼고 그대가 나와 함께 계심을 전혀 의심하지 않게 도와주세요.

사랑합니다.
그대를 가까이하고 싶은 공주

딸아,
너는 나의
신부란다

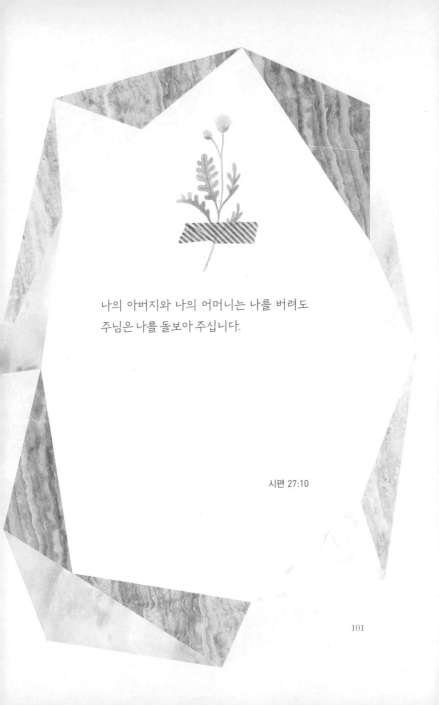

나의 아버지와 나의 어머니는 나를 버려도
주님은 나를 돌보아 주십니다.

시편 27:10

나의 신부야,

내가 너를 위해 마련한 복들을 네가 즐기는 모습을 보니 아주 기쁘단다. 나의 신부만 볼 수 있는 작은 선물로 너를 깜짝 놀라게 하기를 나는 좋아한다. 오늘도 나에게 선물 받을 준비를 하렴. 이생의 어려움 때문에 네가 누군지를 잊지 말고, 내가 베푸는 선물을 놓치는 일이 없도록 해라. 너는 나의 왕족이고, 나의 보석이란 것을 꼭 기억해라. 최상의 것은 장차 도래할 것이니 이제 하늘을 우러러보며 미소를 지어라!

사랑한다.
너의 왕자요 복

딸아,
너는 나의
신부란다

진실로 주님의 선하심과 인자하심이 내가 사
는 날 동안 나를 따르리니, 나는 주님의 집으로
돌아가 영원히 그곳에서 살겠습니다.

시편 23:6

너를 축복해줄게
I Will Bless You

나의 관대한 왕자님,

그대의 신부가 된 것은 최고의 복입니다. 나는 자그마한 깜짝 선물을 좋아합니다. 오늘 나의 마음을 활짝 열고 그 대가 준비한 것을 모두 받고 싶어요. 우리의 동행을 위해 그대가 계획한 것을 하나도 놓치고 싶지 않습니다. 나에게 그대의 은총과 복을 듬뿍 부어주세요. 주변의 모든 세계가 내가 그대의 신부임을 알게 해주세요. 모든 선물 중에 최 고의 선물, 곧 그대와 함께하는 영원한 삶을 주셔서 감사 합니다.

사랑합니다.
그대가 행하는 모든 일을 기뻐하는 공주

딸아,
너는 나의
신부란다

사람들은 주님의 두려운 권능을 말하며, 나
는 주님의 위대하심을 선포하렵니다. 사람들
은 한량없는 주님의 은혜를 기념하면서 주
님의 의를 노래할 것입니다.

시편 145:6~7

내 천사들을 보내줄게
I Will Send My Angels

나의 신부야,

나는 너의 영원한 남편으로서 네게 줄 것이 많단다. 너에게 영원한 삶을 주고 또 언제든지 나에게 올 수 있는 특권을 준다. 이루 말할 수 없는 기쁨, 풍성한 삶, 그리고 영원한 집을 준다. 나의 신부인 너의 기도는 하늘에 도달하고, 내가 네 기도를 낱낱이 다 듣기 때문에 사람들의 삶이 영원히 바뀌게 된단다. 그런데 그보다 더 중요한 것은 내 천사들에게 너를 지켜줄 것을 명령했다는 사실이지. 그래서 네가 모르는 사이에 너는 많은 것을 모면했단다. 이제껏 네가 어디를 가든지 내가 너를 감싸주었다는 것을 알아라. 그리고 네가 마침내 본향에 와서 영원히 나와 함께 있을 때까지 내가 항상 너를 감싸줄 테니 너는 참으로 복 받은 사람이다.

사랑한다.
네게 온갖 복을 주는 왕자

딸아,
너는 나의
신부란다

주님의 모든 천사들아, 주님의 말씀을 듣고
따르는 힘찬 용사들아, 주님을 찬양하여라.
주님의 모든 군대들아, 그의 뜻을 이루는 종
들아, 주님을 찬양하여라.

시편 103:20~21

나의 왕자님,

나에게 그런 삶을 주신다니 내가 어찌 받지 않겠습니까? 그대가 제공하는 그런 관계를 나에게 줄 수 있는 사람은 세상에 전혀 없습니다. 솔직히 말씀드리면, 나를 위해 그대가 행하는 모든 일과 이제껏 행한 모든 일을 생각할 때 그것을 당연시했던 나의 태도가 무척 부끄럽습니다. 그대는 진실로 나를 지극히 사랑하는 분이고 내가 원했던 모든 것입니다.

사랑합니다.
그대를 참으로 사랑하는 공주

그가 천사들에게 명하셔서
네가 가는 길마다 너를 지키게 하실 것이니.

시편 91:11

나의 공주야,

네가 아플 때나 건강할 때나 내가 항상 너와 함께 있을 거야. 내가 너를 위로하도록, 그리고 네 몸이 아플 때도 네 영혼이 쉴 수 있는 곳으로 너를 데려가도록 허락해다오. 나는 내 공주에게 평안과 치유를 제공할 것이다. 너는 아무 것도 두려워하지 말아라. 나는 네가 첫 숨을 쉬었을 때 거기에 있었고, 네가 마지막 숨을 쉴 때도 거기에 있을 것이다. 나는 단 한 번의 손길로 너를 치유할 수도 있고, 너를 하늘의 본향으로 데려가서 나와 함께 있게 할 수도 있단다. 이것만은 꼭 알고 있으렴. 지금은 물론이고 우리가 마침내 얼굴을 맞대고 서로 볼 때까지 내가 너를 붙들어줄 것임을!

사랑한다.
너를 치유하는 왕자

주님은 나의 목자시니, 내게 부족함 없어라.
나를 푸른 풀밭에 누이시며 쉴 만한 물가로
인도하신다. 나에게 다시 새 힘을 주시고, 당
신의 이름을 위하여 바른 길로 나를 인도하
신다.

시편 23:1~3

나의 왕자님,

내가 아플 때는 정말로 힘들어요. 제발 나를 위로해주시고 그대의 치유의 손길로 나를 만져주세요. 내가 연약할 때는 나에게 신체적인 힘을 주십시오. 그리고 내 곁에 있어 주세요. 나의 왕자님의 손길이 필요합니다. 나는 비록 약해도 그대는 나의 힘입니다. 부디 나에게 영적인 양식을 먹여주셔서 "내 영혼이 편하다"고 말할 수 있게 해주세요.

사랑합니다.
그대를 신뢰하는 공주

딸아,
너는 나의
신부란다

주, 나의 하나님, 내가 주님께 울부짖었더니
주님께서 나를 고쳐 주셨습니다. 주님, 스올
에서 이 몸을 끌어올리셨고, 무덤으로 내려
간 사람들 가운데서 나를 회복시켜 주셨습
니다.

시편 30:2~3

너의 길을 찾도록 도와줄게
I Will Help You Find Your Way

나의 신부야,

내가 멀리 있다고 느껴질 때가 있을 거야. 그건 사실이 아니란다. 네 느낌은 너를 속일지라도 나는 속이지 않는다. 나는 네가 나에게 돌아오는 길을 찾도록 영원히 도와줄 진리란다. 그러니 네가 길을 잃었다고 느끼면 언제든지 위를 쳐다보기만 해라. 그러면 내가 네 길에 빛을 비춰줄게. 너의 세계가 어두운 듯 보일 때는 내가 너의 나침반과 너의 위로가 될 것이다. 네가 너무 지쳐서 뛸 수 없을 때는 내가 믿음의 결승선까지 너를 업고 갈게. 너의 눈이 나에게 고정되어 있으면 절대로 길을 잃지 않을 거야. 네가 계속 전진할 힘이 없을 때도 내가 너의 힘이 되어주겠다.

사랑한다.
너의 길이요 너의 왕자

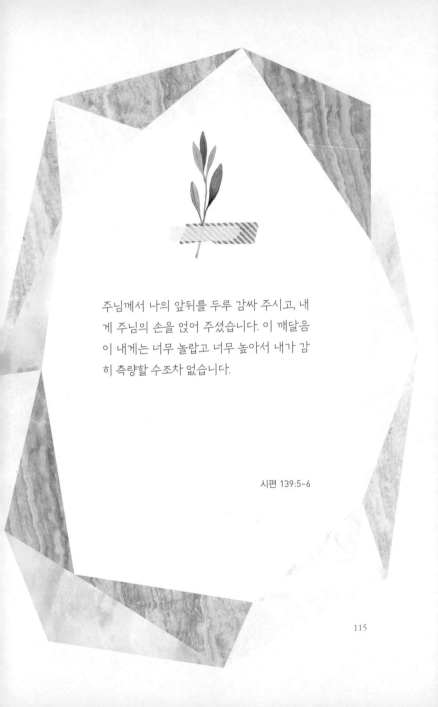

주님께서 나의 앞뒤를 두루 감싸 주시고, 내게 주님의 손을 얹어 주셨습니다. 이 깨달음이 내게는 너무 놀랍고 너무 높아서 내가 감히 측량할 수조차 없습니다.

시편 139:5~6

너의 길을 찾도록 도와줄게
I Will Help You Find Your Way

나의 놀라운 주님,

나를 향한 그대의 강한 열정을 계속 보여주셔서 진심으로
감사드립니다. 그래요, 내가 길을 잃고 그대에게서 멀어졌
다고 느낄 때가 참으로 많습니다. 마음으로는 그대가 내게
서 떨어지지 않는다는 걸 알지만 어쩐 일인지 내가 그대의
사랑과 진리에서 떨어져 나온 듯 보이곤 한답니다. 내가
무슨 행동이나 말을 하든 상관없이 그대가 계속 내 뒤에
계신다니 경외심에 몸 둘 바를 모르겠습니다. 그대가 절대
로 나를 포기하지 않으신다니 너무나 고마울 따름입니다.

사랑합니다.
그대에게 발견되고 싶은 공주

딸아,
너는 나의
신부란다

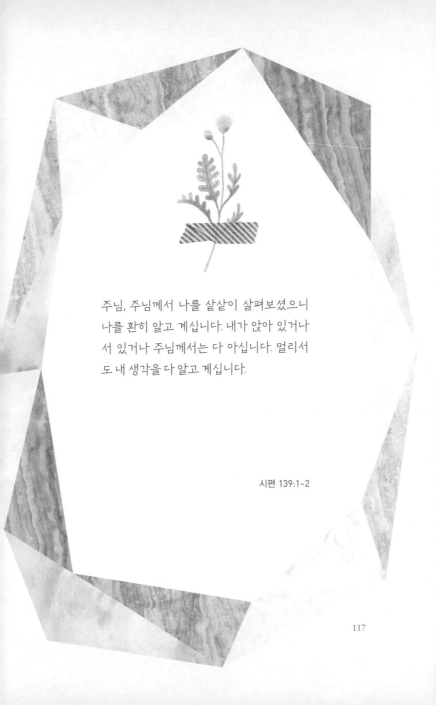

주님, 주님께서 나를 샅샅이 살펴보셨으니
나를 환히 알고 계십니다. 내가 앉아 있거나
서 있거나 주님께서는 다 아십니다. 멀리서
도 내 생각을 다 알고 계십니다.

시편 139:1~2

나의 신부야,

나와 함께 인생을 경축하길 바란다. 우리가 기대할 만한 놀라운 일이 많이 있으니 이생의 염려 때문에 네가 누구인지, 그리고 장래에 될 놀라운 일을 기뻐하지 못하는 일이 없었으면 좋겠다. 현재 슬픈 일들은 곧 지나가고 다가올 기쁨은 영원히 이어질 거야! 그러니 잠시 멈춰라. 우리가 누리는 사랑의 관계를 기념하는 행사를 나름대로 해보렴. 장차 거행될 우리의 영광스러운 결혼식을 상상하면서 그 아름다운 광경에 푹 젖어보자.

사랑한다.
너의 왕자이자 기쁨

환호하며 기뻐하는 소리와 신랑 신부가 즐거워하는 소리와 감사의 찬양 소리가 들릴 것이다. 주의 성전에서 감사의 제물을 바치는 사람들이 이렇게 찬양할 것이다. "너희는 만군의 주님께 감사하여라! 진실로 주님은 선하시며, 진실로 그의 인자하심 영원히 변함이 없다."

예레미야 33:11

나와 함께 기뻐해라
Celebrate with Me

나의 사랑하는 왕자님,

네, 서로에 대한 우리의 사랑을 기뻐할게요. 그대와 함께 인생을 경축하도록 상기시켜주셔서 감사합니다. 내가 누구인데 나에게 복을 주셔서 그대의 신부로 삼으셨습니까? 정말로 감사할 것이 너무 많습니다. 나를 향한 그대의 영원한 사랑을 기뻐하는 일을 내 마음이 잊지 않기를 바랍니다.

사랑합니다.
그대를 사랑하는 신부

딸아,
너는 나의
신부란다

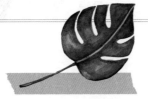

주님, 힘을 떨치시면서 일어나 주십시오.
우리가 주님의 힘을 기리며 노래하겠습니다.

시편 21:13

내가 너를 덮어주었다
I Have Covered You

나의 신부야,

내가 너를 내 피로 덮어주었다. 내 목숨을 다해 너를 사랑했다. 그런데 너는 너 자신을 그렇게 보지 않는구나. 네가 이제껏 행한 모든 잘못을 용서하려고 내가 궁극적인 대가를 치른 것이란다. 너는 흠이 없고 순결한 신부이다. 만일 네가 내 용서를 거부한다면, 나의 십자가 죽음이 너에게 충분치 않았다고 말하는 셈이지. 네가 용서를 구하면 나는 네 죄를 망각의 바다에 던져버리고 다시는 기억하지 않는단다. 이제는 구원받은 기쁨으로 춤을 춰라.… 네가 자유롭게 되었잖아!

사랑한다.
너의 왕자이자 순결

딸아,
너는 나의
신부란다

그러나 그가 찔린 것은 우리의 허물 때문이고, 그가 상처를 받은 것은 우리의 악함 때문이다. 그가 징계를 받음으로써 우리가 평화를 누리고, 그가 매를 맞음으로써 우리의 병이 나았다.

이사야서 53:5

나의 왕자님,

나의 모든 잘못을 용서하려고 그대의 목숨을 주셨고, 그대가 요구하는 바는 내가 새로운 날과 새로운 생명을 그대의 선물로 받는 것뿐입니다. 내가 행한 모든 죄악이 망각의 바다에 던져졌다는 것을 믿기가 너무 어려워요. 그대가 나를 너무나 사랑해서 그대의 피로 나의 얼룩을 깨끗이 지웠다니 어떻게 그런 일이 있을 수 있나요? 내가 그대의 용서를 진실로 받아들일 수 있도록 도와주십시오. 그리고 과거의 나를 뒤돌아보지 않기를 바랍니다. 남은 생애는 그대의 순결한 신부로 살아가고 싶습니다.

사랑합니다.

영원히 용서받은 그대의 신부

복되어라! 거역한 죄 용서받고 허물을 벗은 그 사람! 주님께서 죄 없는 자로 여겨주시는 그 사람! 마음에 속임수가 없는 그 사람! 그는 복되고 복되다!

시편 32:1~2

너는 나에게 매우 귀중하다
You're Worth Everything to Me

나의 귀중한 신부야,

네가 너의 가치를 의심할 때는 내 마음이 너무 아프다. 네가 얼마나 귀중한 사람인지를 알려주려고 내가 궁극적인 대가를 치렀단다. 사랑하는 사람아, 내가 목숨을 다해 너를 사랑했다. 네가 누군지 헷갈릴 때는 십자가를 쳐다보아라. 네가 무슨 행동이나 말을 하든지 너를 향한 나의 사랑은 변함이 없단다. 너는 나의 보석이다. 네게 내 목숨을 준 것은 너를 헛된 삶에서 해방하기 위해서였다. 내가 온 것은 나의 신부가 풍성한 삶을 살게 하기 위함이다. 이제는 너를 신뢰하지 말고 나를 신뢰하며 살아라.… 그러면 네가 얼마나 소중한 사람인지 알게 될 거야.

사랑한다.
너를 귀하게 여기는 왕자

당신들은 주 당신들의 하나님의 거룩한 백
성입니다. 주님께서 땅 위에 있는 많은 백성
가운데서 당신들을 선택하여 자기의 귀중한
백성으로 삼으셨습니다.

신명기 14:2

나의 주님,

그대가 나를 그대의 신부로 삼으려고 지불한 그 대가를 받아들이지 않은 나를 용서해주세요. 나는 그대의 신부가 될 자격이 없다고 느낄 때가 많습니다. 그대가 그대의 목숨을 나의 목숨과 바꿨다니 나는 도대체 누구인가요? 내가 마땅히 받아야 할 징벌을 그대가 받고 그 대신 그대의 것을 나에게 주셨다니 나는 누구인가요? 솔직히 말씀드리면, 그대가 나의 생명을 위해 얼마나 큰 대가를 치렀는지 나는 이해할 수 없습니다. 어쩌면 앞으로도 그럴지 몰라요. 하지만 세상의 구원자가 나를 사랑했다는 것만은 알아요. 그래서 내가 보석 같은 존재임을 느끼고 싶어요.

사랑합니다.
그대의 사랑을 귀하게 여기는 공주

너의 보물이 있는 곳에
너의 마음도 있을 것이다.

마태복음 6:21

내가 베일을 벗겨줄게
I Will Lift the Veil

나의 사랑하는 신부야,

네 눈에 베일이 덮여있다고 느낄 때가 종종 있다는 걸 나
도 안다. 네가 이생에 대해 이해하지 못하는 것이 많이 있
지. 그러나 언젠가 내가 그 베일을 벗겨줄 때는 너의 일평
생에 대해 나의 계획과 목적이 있었다는 것을 알게 될 거
란다. 언젠가 내가 네 뺨을 만지며 장차 네가 흘릴 마지막
눈물을 닦아줄 거야. 언젠가 너는 얼굴을 맞대고 나를 보
게 될 것이고, 하늘과 땅이 더는 우리를 나눠놓지 않을 거
야. 당분간은 나의 영이 너를 날마다 인도하고, 내가 돌아
오는 날까지 내 천사들이 너를 지켜줄 것이다.

사랑한다.
너의 영원한 왕자

딸아,
너는 나의
신부란다

보아라, 내가 세상 끝날까지
항상 너희와 함께 있을 것이다.

마태복음 28:20

내가 베일을 벗겨줄게
I Will Lift the Veil

나의 사랑하는 왕자님,

나를 그대의 자비로운 품에 숨겨주시고 나의 영에게 말씀
해주십시오. "내가 여기에 있다"는 그대의 세미한 음성을
다시 듣고 싶습니다. 주변 사회가 점점 더 타락하고 있어
서 나는 앞으로 도래할 현실을 얼핏 볼 필요가 있어요. 내
가 성경을 읽을 때 그대가 나의 두려움을 내쫓는 것을 경
험하게 도와주세요. 영원을 바라보며 살고 나의 희망을 다
음 세대에 두고 싶은 마음이 간절합니다.

사랑합니다.
그대의 얼굴을 보고 싶은 신부

딸아,
너는 나의
신부란다

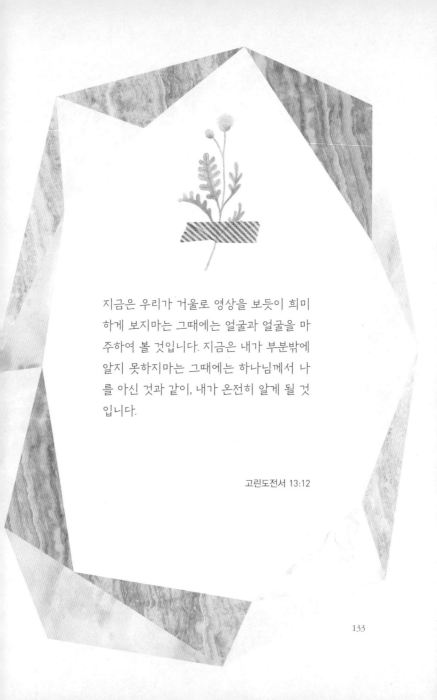

지금은 우리가 거울로 영상을 보듯이 희미하게 보지마는 그때에는 얼굴과 얼굴을 마주하여 볼 것입니다. 지금은 내가 부분밖에 알지 못하지마는 그때에는 하나님께서 나를 아신 것과 같이, 내가 온전히 알게 될 것입니다.

고린도전서 13:12

네 속의 폭풍을 잔잔케 해줄게
I Will Calm the Storm in You

사랑하는 신부야,

오직 나만이 네 마음의 은밀한 두려움을 알고 있단다. 이생에서 몰아치는 폭풍이 두려울 때는 "잠잠하고 내가 하나님인 줄 알라"고 속삭이는 내 음성을 들어라. 눈을 감고 나에게 부르짖어라. 나는 평화의 왕이기 때문이다. 그러면 네 영혼 속의 폭풍을 잠재워주마. 너의 삶의 항해를 내게 맡겨보렴. 그때마다 너는 너의 선장인 나를 새삼 깨닫게 될 거야. 나를 신뢰해도 좋다. 내가 바다를 만들었고, 너에게 소망이 필요할 때는 내가 너의 등대란다.

사랑한다.
너의 왕자이자 구원자

딸아,
너는 나의
신부란다

여호와께서 광풍을 고요하게 하사
물결도 잔잔하게 하시는도다.

시편 107:29(개역개정)

네 속의 폭풍을 잔잔케 해줄게
I Will Calm the Storm in You

나의 왕자님,

그대가 항상 거기에 계심을 내가 알면서도 폭풍에 휩쓸리면 그 진리를 잊을 때가 많습니다. 내가 익사하고 있다고 느낄 때는 그대를 신뢰할 수 있도록 도와주세요. 내 영이 그대의 영과 연결되어 있어서 "내가 너를 구하려고 여기에 있다"는 그대의 음성을 듣고 싶습니다. 어떤 폭풍에서도 나를 구할 수 있는 전능한 구원자가 나에게 있다는 것을 기억하게 해주세요. 그대가 나의 구조대원이라 정말 감사합니다.

사랑합니다.
구원의 손길을 기대하는 신부

주 너의 하나님이 너와 함께 계신다. 구원을
베푸실 전능하신 하나님이시다. 너를 보고서
기뻐하고 반기시고, 너를 사랑으로 새롭게
해주시고 너를 보고서 노래하며 기뻐하실
것이다.

스바냐 3:17

나의 신부야,

내가 네 마음과 영혼 속에 있는 문제를 단번에 해결하게 해다오. 네가 너를 보는 것처럼 나는 너를 보지 않는단다. 너는 너의 죄를 보고, 나는 용서받은 공주를 본다. 너는 과거의 너를 보고, 나는 장차 내가 씌워 줄 면류관을 받게 될 네 모습을 본다. 너는 너 자신에게 죄책감을 주고, 나는 너에게 은혜를 베푼다. 너는 너 자신을 과거에 묶어놓고, 나는 너에게 자유에 이르는 열쇠를 준다. 내가 보기에 너는 사랑스럽고, 네가 무슨 말이나 행동을 하든지 이 진리는 변함이 없을 거야. 네가 새로운 자아상을 갖도록 내가 죽었단다. 이제 이것을 네가 보도록 눈을 열어줄게.

사랑한다.
너의 왕자이자 새로운 생명

여호와께서 말씀하신다. "오너라. 우리 허심탄회
하게 이야기해 보자. 너희 죄가 주홍 같을지라도
눈과 같이 희게 될 것이며 진홍같이 붉을지라도
양털처럼 될 것이다."

이사야서 1:18(현대인의 성경)

너에게 새로운 안목을 줄게
Let Me Give You New Sight

나의 은혜로운 주님,

주님이 평화의 왕이고 나의 불안한 영혼이 쉴 곳이라서 감사합니다. 그래요, 나는 죄책감을 떨쳐버린 후 그대의 은혜를 받으려고 고심하곤 합니다. 제발 나의 눈을 열어주셔서 그대의 진리를 보게 해주세요. 그대는 십자가에서 "다 이루었다"라고 말씀하셨습니다. 그대가 갈보리에서 마지막 숨을 쉬면서 하신 그 말씀을 내가 기억하게 해주세요. 내가 과거의 감옥에서 영원히 떠나 오늘부터 나의 삶을 그대의 손에 맡기게 도와주세요.

사랑합니다.

이제는 뚜렷하게 보게 된 그대의 신부

이 기쁜 소식에는 오직 믿음으로만 하나님
과 올바른 관계를 갖게 된다는 것이 나타
나 있습니다. 이것은 성경에 "의로운 사람
은 믿음으로 살 것이다"라고 쓰인 말씀과
같습니다.

로마서 1:17(현대인의 성경)

나와 함께 꿈을 꾸자
Dream with Me

나의 사랑하는 신부야,

잠시 멈추고 눈을 감아라.··· 나와 함께 꿈을 꾸자. 우리가
마침내 얼굴을 맞대고 서로를 보게 될 그 영광스러운 날
에 대해 생각해봐라. 우리가 함께 영원의 세계를 기뻐하면
서 수정 같은 바다를 따라 걸으며 나눌 대화와 부를 노래
를 상상해봐라. 너의 예쁜 발을 위해 내가 깔아놓은 황금
길에 서 있는 네 모습을 상상해라. 잠잠히 있어라. 오늘, 네
마음속에 영원한 소망이 새롭게 피어나게 해주마. 천국은
한갓 꿈이 아니란다. 천국은 실재이다.

사랑한다.

너에 관해 꿈꾸기를 좋아하는 왕자

딸아,
너는 나의
신부란다

그러나 성경에 기록한 바 "눈으로 보지 못하고 귀로 듣지 못한 것들, 사람의 마음에 떠오르지 않은 것들을, 하나님께서는 자기를 사랑하는 사람들에게 마련해 주셨다" 한 것과 같습니다.

고린도전서 2:9

나와 함께 꿈을 꾸자
Dream with Me

나의 왕자님,

내가 앞으로 낙심할 때는 그대의 성령을 힘입어 눈을 감고 다가올 천국의 것들을 꿈꿀 수 있게 해주세요. 내가 그대의 아름다운 신부로 치장하는 그날을 얼마나 갈망하는지 모릅니다. 마침내 얼굴을 맞대고 그대를 보면 과연 어떤 느낌일까요! 더는 고통이 없는 곳에서 그대와 함께 걷는 것은 얼마나 감격스럽겠습니까. 다가올 것에 대해 상기시켜주셔서 감사해요. 좋아요, 그대와 함께 꿈을 꾸고 싶어요.

사랑합니다.
꿈꾸기를 좋아하는 그대의 공주

나는 또 거룩한 도성 새 예루살렘이 남편을
위하여 단장한 신부와 같이 차리고, 하나님
께로부터 하늘에서 내려오는 것을 보았습
니다.

요한계시록 21:2

너는 영원한 기쁨을 알게 될 거야
You Will Know Everlasting Joy

나의 귀한 신부야,

네가 때때로 겪는 슬픔 때문에 마음이 얼마나 아픈지 나도
안다. 네 마음이 아플 때는 내 마음도 아프다는 것을 알아
라. 하지만 항상 이렇지는 않을 거란다. 언젠가 내가 네 뺨
을 만지며 마지막 흘린 눈물을 닦아줄 것이다. 그러나 지
금은 네가 나의 손길이 필요한 사람들을 위해 기도하길 바
란다. 내가 곧 거기에 갈 테니 그동안 희망의 끈을 놓지 말
아라.

사랑한다.
너의 왕자이며 영원한 기쁨

딸아,
너는 나의
신부란다

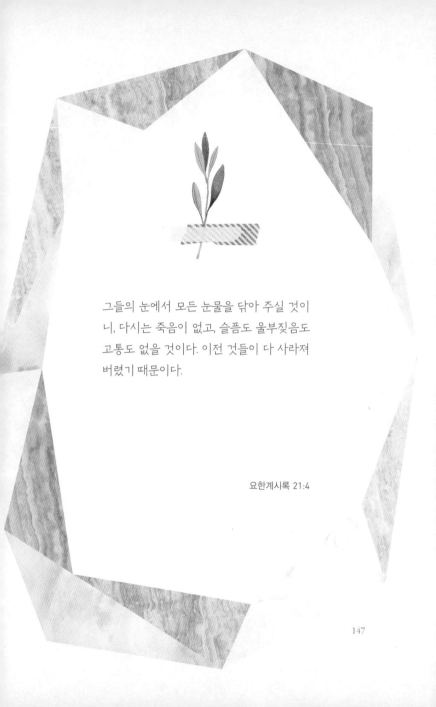

그들의 눈에서 모든 눈물을 닦아 주실 것이
니, 다시는 죽음이 없고, 슬픔도 울부짖음도
고통도 없을 것이다. 이전 것들이 다 사라져
버렸기 때문이다.

요한계시록 21:4

너는 영원한 기쁨을 알게 될 거야
You Will Know Everlasting Joy

나의 왕자님,

내 눈에 비치는 광경 때문에 마음이 아플 때가 많고 때로는 무력감을 느낍니다. 사람들이 고난과 고통에서 벗어나는 모습을 보고 싶어요. 내 마음속에 영원한 소망이 새롭게 피어나게 해주세요. 이생의 역경 가운데서 그대의 말할 수 없는 기쁨을 나에게 주세요. 내가 다른 사람들에게 그대의 영원한 소망과 새로운 삶을 가져갈 수 있도록 나에게 열정을 부어주십시오. 내 눈을 장차 누릴 기쁨에 고정하도록 붙들어주세요. 아멘!

사랑합니다.
그대가 필요한 신부

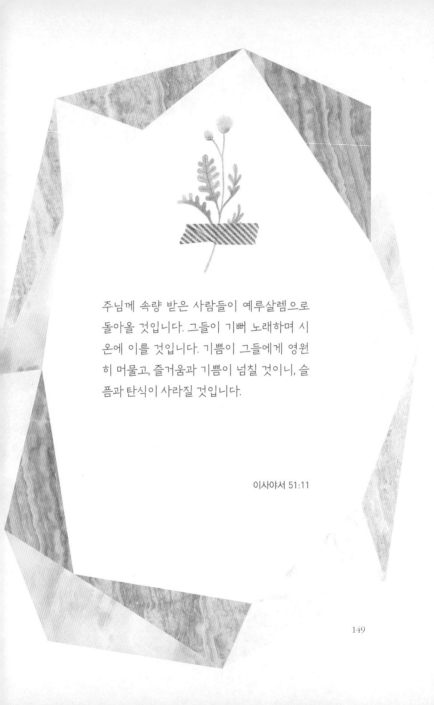

주님께 속량 받은 사람들이 예루살렘으로 돌아올 것입니다. 그들이 기뻐 노래하며 시온에 이를 것입니다. 기쁨이 그들에게 영원히 머물고, 즐거움과 기쁨이 넘칠 것이니, 슬픔과 탄식이 사라질 것입니다.

이사야서 51:11

나와 함께 음식을 먹자
Dine with Me

나의 신부야,

나는 너와 함께 음식을 먹기를 바라면서 네 마음의 문을
두드리고 있다. 네가 문을 열면 내가 들어갈게. 너를 위해
진수성찬을 준비해놓았단다. 나의 초대를 받아들이겠니?
네가 완전히 만족할 때까지 너의 굶주린 영혼에 양식을 먹
여주고 싶다. 내가 들어가서 너의 영과 너의 마음과 너의
몸에 영양분을 공급하게 해다오. 오직 나만이 그렇게 할
수 있단다.

사랑한다.
너의 왕자이자 진정한 만족

보아라, 내가 문밖에 서서 문을 두드리고 있
다. 누구든지 내 음성을 듣고 문을 열면, 나는
그에게로 들어가서 그와 함께 먹고 그는 나
와 함께 먹을 것이다.

요한계시록 3:20

나와 함께 음식을 먹자
Dine with Me

나의 주님,

좋아요, 그대의 초대를 받아들입니다. 오셔서 나의 굶주린 영혼에 양식을 먹여주세요. 그리고 내 마음의 문을 계속 두드려주십시오. 나는 날마다 그대와 함께 앉아야 할 절박한 상태라서 그래요. 그대와 함께 음식을 먹을 수 있는 특권을 주시니 큰 영광입니다. 제발 나의 굶주린 영혼을 만족시켜주세요, 주님. 이 세상에는 그대의 임재와 같은 것이 전혀 없습니다. 그대가 나의 갈증을 채워주시면 내 잔이 그대의 기쁨으로 넘쳐흐릅니다!

사랑합니다.
마음의 문을 열고 있는 그대의 공주

주님께서는 내 원수들이 보는 앞에서 내게
잔칫상을 차려 주시고, 내 머리에 기름 부으
시어 나를 귀한 손님으로 맞아 주시니, 내 잔
이 넘칩니다.

시편 23:5

153

굿 모닝, 내 사랑아
Good Morning, My Love

나의 신부야,

아침에 내 이름을 불러라. 그러면 "나는 너를 사랑한다"라
는 속삭임을 들을 수 있을 거야. 나를 찾아라. 그러면 내가
네 곁에 있음을 느끼게 될 거야. 네가 나를 향해 손을 뻗을
때마다 내가 자비의 손을 내밀어줄게. 나의 자비는 아침마
다 새롭단다. 내가 네 곁에 있다는 것을 느끼지 못할 때도
있을 거야. 그래도 나는 네 곁에 있단다. 너는 나의 사랑이
기에 나는 절대로 너를 버리지 않을 거야. 세상이 차가울
때라도 나는 너를 따뜻하게 해줄 것이다. 이제는 네가 아
침에 깰 때 내가 거기에 있는지 의심할 필요가 없다.

사랑한다.
너의 왕자이자 아침의 영광

딸아,
너는 나의
신부란다

주 야훼의 사랑 다함 없고 그 자비 가실 줄
몰라라. 그 사랑, 그 자비 아침마다 새롭고
그 신실하심 그지없어라. "나의 몫은 곧 야훼
시라." 속으로 다짐하며 이 몸은 주를 기다리
리라.

예레미야애가 3:22~24 (공동번역)

굿 모닝, 내 사랑아
Good Morning, My Love

굿 모닝, 나의 주님

그대를 사랑합니다. 오늘 특별한 방식으로 나에게 말씀해 주실래요? "사랑한다"는 그대의 세미한 음성을 듣고 싶어요. 오늘 아침 그대의 말씀이 주는 생수를 마시고 이날을 사랑받는 신부답게 살기를 원합니다. 얼굴을 맞대고 볼 수 없는 그대에게 내가 믿음으로 얘기하오니 오늘과 내일, 그리고 날마다 그대를 나의 삶 속으로 초대합니다.

사랑합니다.

아침마다 그대의 이름을 부르고 싶은 신부

주님, 새벽에 드리는 나의 기도를 들어주십
시오. 새벽에 내가 주님께 나의 사정을 아뢰
고 주님의 뜻을 기다리겠습니다.

시편 5:3

나를 떠나지 말아라
Don't Walk Away

나의 공주야,

살기가 너무 힘들다고 나를 떠나지는 말아라. 네가 큰 상처를 받을 때는 나를 탓하고 싶어 한다는 걸 나도 안다. 네가 절망에 빠졌을 때 내가 사라졌다고 느끼면, 나에게 헌신한 마음을 지키기가 어렵겠지. 아무것도 변하지 않은 듯 보여도 나는 너를 위해 계속 일하고 있단다. 나는 언제나 내 손길을 너에게 뻗고 있다. 나만큼 너를 꼭 붙들어줄 수 있는 존재는 없다. 그러니 제발 내게서 달아나지 말아라. 내가 자비의 팔로 너를 안아주게 해다오.

사랑한다.
너를 추격하는 왕자

진실로 주님의 선하심과 인자하심이 내가 사
는 날 동안 나를 따르리니, 나는 주님의 집으로
돌아가 영원히 그곳에서 살겠습니다.

시편 23:6

나의 왕자님,

나는 때때로 그대를 포함한 모든 것으로부터 달아나고 싶습니다. 내 삶에 그대가 없으면 길을 잃어버릴 테니 제발 나를 놓지 말아 주세요. 날마다 나를 뒤쫓아주세요. 내 마음이 그대에게서 멀어졌을 때도 그대가 나를 꼭 안아주길 갈망합니다. 밤낮으로 그대의 임재를 느끼게 해주세요. 내가 자신을 포기할 때에도 그대는 나를 포기하지 않으시니 정말 감사합니다.

사랑합니다.
도망치고픈 그대의 신부

딸아,
너는 나의
신부란다

주님, 주님께서 나의 간구를 들어주시기에
내가 주님을 사랑합니다. 나에게 귀를 기울
여 주시니 내가 평생토록 기도하겠습니다.

시편 116:1~2

네 선물을 열어봐라
Open Your Gifts

나의 재능 있는 신부야,

내가 너에게 큰 기쁨과 목적의식을 안겨줄 선물을 네 영혼 속에 두었단다. 그 선물은 네 속에 묻혀있고 발견되기를 기다리고 있지. 주의가 산만해서 그 선물을 잊어버리거나 실망해서 놓치는 일이 없도록 해라. 네 마음을 내게 열고 영원한 남편으로부터 무언가를 받을 준비가 되면, 내가 너의 희망과 꿈의 포장을 푸는 법을 보여주고 네가 어떤 존재가 되도록 창조되었는지 가르쳐줄게. 나는 온갖 좋은 선물을 주는 자니 내가 말하는 것을 믿어도 좋다. 내가 너에게 주는 선물은 영원하고 고귀하단다.

사랑한다.
아낌없이 선물을 주는 왕자

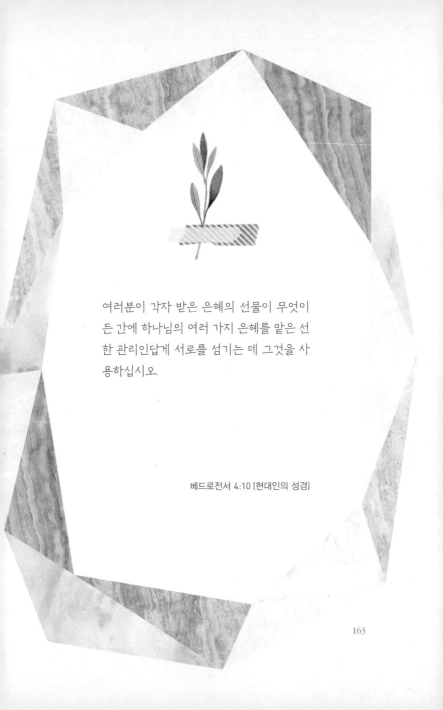

여러분이 각자 받은 은혜의 선물이 무엇이든 간에 하나님의 여러 가지 은혜를 맡은 선한 관리인답게 서로를 섬기는 데 그것을 사용하십시오.

베드로전서 4:10 (현대인의 성경)

네 선물을 열어봐라
Open Your Gifts

나의 주님이자 왕자님,

그대의 신부가 여기에 있습니다. 그대가 내 속에 둔 선물을 열어주시길 기다리고 있습니다. 그대가 나에게 주신 선물이 무엇이든 간에 나는 그것을 그대의 나라를 넓히는 데 사용하고 싶어요. 나의 왕자님이 하늘에서 손을 내밀고 나에게 선물을 주신 것을 알고 있어요. 내가 그대의 선물을 거절하는 일이 절대로 없기를 바랍니다. 그리고 그대의 재림을 기다리는 동안 나를 향한 하나님의 뜻이 이뤄지기를 소원합니다.

사랑합니다.

하나의 선물이 되고 싶은 그대의 공주

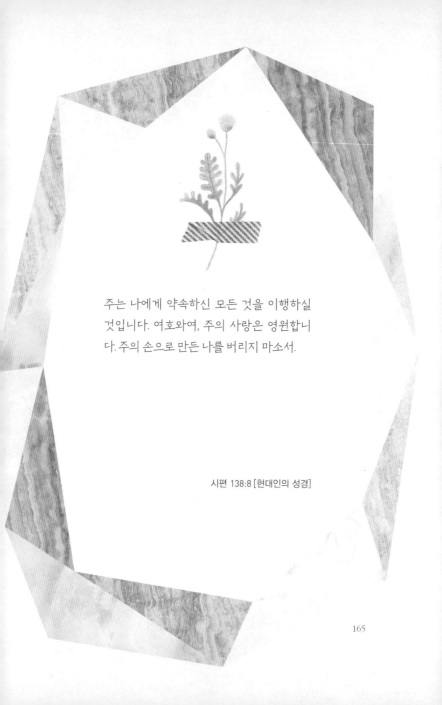

주는 나에게 약속하신 모든 것을 이행하실
것입니다. 여호와여, 주의 사랑은 영원합니
다. 주의 손으로 만든 나를 버리지 마소서.

시편 138:8 [현대인의 성경]

나의 영원한 신부야,

나는 항상 너를 알았고, 항상 너를 사랑했고, 항상 너와 함께 있었다. 네가 빚어질 때는 엄마의 배 속에 있는 너와 내가 함께 있었다. 네가 처음 숨을 쉬었을 때는 내가 너를 통해 숨 쉬고 있었다. 나는 너의 과거를 알고 너의 미래도 알고 있단다. 네가 인생의 계절을 통과할 때마다 내가 너와 함께 걸을 거야. 나는 지금 영적으로 너와 함께 있다. 나는 알파요 오메가다. 나는 언제나 너의 새로운 시작이요 너의 끝이다. 너는 나의 일부란다, 내 사랑아. 나는 너에게 행복한 삶을 선사할 너의 영원한 남편이다. 너를 사랑한다.

사랑을 담아,
너의 영원한 왕자

딸아,
너는 나의
신부란다

지금도 계시고 전에도 계셨고 앞으로 오실
전능하신 주 하나님께서 "나는 알파요 오메
가다" 하고 말씀하십니다.

요한계시록 1:8

나의 왕자님,

그대가 나의 모든 과거에 계셨다는 것은 이해할 수 없어도 나의 모든 미래에 계실 거란 말씀을 들으니 내 심장이 두근 거립니다. 나의 남은 생애 동안 그대와 함께할 것을 고대합 니다. 나는 그대와 함께 웃고 또 울고 싶어요. 그대의 손이 나의 미래를 인도한다는 것만 알아도 큰 위로가 됩니다. 나 는 이 땅에서 가장 축복받은 신부라는 느낌이 들어요.

사랑합니다.
그대와 사랑에 빠진 신부

딸아,
너는 나의
신부란다

보아라, 내가 곧 가겠다. 나는 각 사람에게 그 행위대로 갚아 주려고 상을 가지고 간다. 나는 알파며 오메가, 곧 처음이며 마지막이요, 시작이며 끝이다.

요한계시록 22:12~13

너의 전부를 나에게 다오
I Want All of You

나의 공주야,

너의 모든 것을 나에게 넘겨주겠니? 나는 절대 강요하진
않겠으나 네가 그렇게 선택하길 늘 바라고 있다. 남편인
내가 원하는 방식으로 너를 사랑할 기회를 다오. 나는 너
의 영혼의 연인이란다. 네 마음을 열고 내가 너를 부드럽
게 안아주도록 허락해주겠니? 나는 너의 온유한 마음을
사로잡아 내 마음속에서 꽃을 피우게 하고 싶다. 네가 나
에게 쏙 빠져서 아무것도 우리를 갈라놓지 못하게 하고 싶
다. 나와 함께 가자. 그러면 내가 너를 모든 면에서 온전한
사람으로 만들어줄게.

사랑한다.

언제까지나 기다릴 너의 왕자

딸아,
너는 나의
신부란다

예수께서 그에게 말씀하셨다. "네 마음을 다하고, 네 목숨을 다하고, 네 뜻을 다하여, 주 너의 하나님을 사랑하여라" 하였으니, 이것이 가장 중요하고 으뜸가는 계명이다.

마태복음 22:37~38

너의 전부를 나에게 다오
I Want All of You

나의 왕자님,

주님을 사랑합니다. 그대는 내 영혼이 사랑하는 분입니다! 자기 목숨을 다해 나를 사랑하신 왕자님을 내가 어찌 사랑하지 않을 수 있겠습니까? 그대의 사랑은 참으로 과분하고 특별합니다. 그대와 같은 존재는 어디에도 없습니다. 아무도 그대처럼 내 마음을 사로잡을 수 없어요. 그대와 함께할 영원에 대해 생각하면 하늘의 별에게 키스할 수 있을 것만 같아요. 오늘부터 내 마음과 내 영혼과 내 지성을 그대에게 드립니다. 나를 향한 그대의 영원한 사랑에 푹 젖고 싶습니다.

사랑합니다.
나의 전부가 그대의 것인 신부

당신의 눈동자처럼, 이 몸 고이 간수해 주시
고 당신의 날개 그늘 아래 숨겨주소서.

시편 17:8 (공동번역)

나의 신부야,

나는 네가 풍성한 삶, 곧 신성한 목적으로 가득 찬 삶을 경험하게 하려고 왔단다. 나에게 푹 빠져라. 그러면 네가 갈망하는 진정한 행복을 찾게 될 거야. 나는 네 영혼을 기쁘게 할 장소로 너를 데려가려고 기다리는 중이다. 너의 길을 놓아두고 나의 길을 붙잡아라.

이제부터 너의 왕자가 너에게 진정한 삶의 길을 보여주게 해다오. 너는 나의 사람이니 나의 복을 받는 길을 걸어야 한단다. 이제 심호흡을 하고 네가 풍성한 삶을 달라고 부탁하면 내가 그런 삶을 선물로 줄 것이다.

사랑한다.
너의 왕자이자 기쁨

도둑은 다만 훔치고 죽이고 파괴하려고 오
는 것뿐이다. 나는 양들이 생명을 얻고 또 더
넘치게 얻게 하려고 왔다.

요한복음 10:10

생명의 길을 보여줄게
I Will Show You Life!

나의 왕자님,

나는 때때로 인생이 무의미하며 공허하다고 느낍니다. 그
대가 원하는 삶을 영위하는 법을 나에게 보여주세요. 그대
의 신부답게 산다는 것이 무슨 뜻인지 성령을 통해 가르쳐
주세요. 나는 옛 자아를 내려놓고 갓 결혼한 신부처럼 될
준비가 되었습니다. 그대와 사랑에 빠져 생명력이 넘치는
그런 삶을 살고 싶어요.

사랑합니다.

진정한 삶을 살고 싶은 공주

주님께서 몸소 생명의 길을 나에게 보여주시니,
주님을 모시고 사는 삶에 기쁨이 넘칩니다. 주님
께서 내 오른쪽에 계시니, 이 큰 즐거움이 영원토
록 이어질 것입니다.

모두 너를 위한 것이다
It's All for You

나의 신부야,

나는 너를 즐겁게 하려고 하늘과 땅을 창조했단다. 그렇
다, 세상은 네가 향유할 너의 것이다. 네 눈을 열고 주변을
돌아봐라. 너를 위해 내가 창조한 것들을 보아라. 너의 영
혼을 적실 비, 네가 향기를 맡을 온갖 꽃들, 네게 굿 나잇
키스를 하는 황혼을 말이다. 네가 오를 산들도 주었단다.
너의 밤을 밝히려고 하늘에 별들도 두었다. 그렇다, 내 신
부야, 이는 너를 위한 것이다. 이 순간 너의 즐거움을 위해
내가 창조한 그 아름다움을 마음껏 들이마셔라.

사랑한다.

너를 위해 오늘을 창조한 왕자

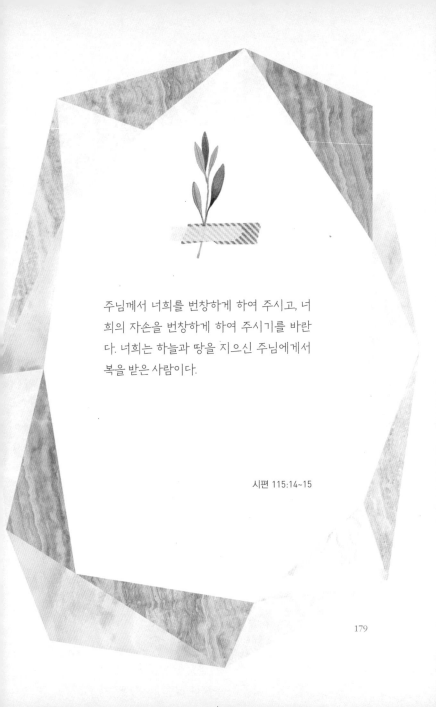

주님께서 너희를 번창하게 하여 주시고, 너
희의 자손을 번창하게 하여 주시기를 바란
다. 너희는 하늘과 땅을 지으신 주님에게서
복을 받은 사람이다.

시편 115:14~15

모두 너를 위한 것이다
It's All for You

나의 사랑하는 주님,

그대가 나를 위해 채색한 그 모든 황혼을 내가 놓쳤다고 생각하니 슬픈 마음이 듭니다. 꽃의 향기도 제대로 맡지 못하고 사랑을 속삭이는 바람도 그냥 지나칠 때가 많았습니다. 나의 세계에 너무 사로잡혀 그대의 세계에 깊이 들어가지 못한 것을 용서해주세요. 오늘부터는 그대와 함께 걷고 그대의 사랑을 표현하는 그 모든 것을 놓치지 않게 도와주세요.

사랑합니다.
그대를 찾기로 다짐하는 공주

딸아,
너는 나의
신부란다

하늘도 주의 것이며 땅도 주의 것입니다. 주
께서 세계와 그 가운데 있는 모든 것을 만드
셨습니다.

시편 89:11 [현대인의 성경]

너는 나의 보석이다
You Are My Crown Jewel

나의 신부야,

네가 왕족이라고 느끼지 못할 때가 많다는 것을 나도 안다. 그러나 너는 왕족이다. 너의 느낌이 네가 누군지를 알려주진 않는다. 너는 나의 보물이고 내가 사랑하는 사람이란다. 네 느낌은 날마다 변할지 몰라도 내 느낌은 절대로 변하지 않는다. 아무것도 너의 왕족 신분을 빼앗을 수 없다. 그 신분을 나의 피로 봉인했기 때문이다. 이제는 너의 신분에 걸맞게 행동해라. 그리고 너는 이와 같은 때를 다스리도록 내가 선택한 존재임을 다시는 의심하지 말아라.

사랑한다.
너를 선택한 왕자

그러나 여러분은 택하심을 받은 족속이요,
왕과 같은 제사장들이요, 거룩한 민족이요,
하나님의 소유가 된 백성입니다. 그래서 여
러분을 어둠에서 불러내어 자기의 놀라운
빛 가운데로 인도하신 분의 업적을 여러분
이 선포하는 것입니다.

베드로전서 2:9

너는 나의 보석이다
You Are My Crown Jewel

나의 왕자님,

나 자신을 보잘것없는 인물로 생각했는데 "그대의 신부요 왕족"이라고 말씀하시니 그렇게 믿도록 도와주십시오. 그렇게 믿으려면 한동안 겹겹이 쌓인 거짓말을 벗겨내야 합니다. 오직 그대만이 나에게 새로운 마음을 주실 수 있습니다. 그래서 내가 그대의 진리의 빛 가운데 섰으니 그대의 손길로 나를 거짓에서 해방해주세요.

사랑합니다.
그대의 말씀을 믿고 싶은 신부

그릇된 길로 가지 않도록 나를 지켜 주십시
오. 주님의 은혜로 주님의 법을 나에게 가르
쳐 주십시오. 내가 성실한 길을 선택하고 내
가 주님의 규례들을 언제나 명심하고 있습
니다.

시편 119:29~30

너의 짐을 저줄게
Let Me Carry That for You

나의 공주야,

내가 여기에 있다. 내가 너의 짐을 짊어지게 해다오. 내 어깨는 무척 튼튼해서 네게 너무 무거운 짐도 거뜬히 질 수 있단다. 나는 너의 영원한 남편이다. 그리고 너의 짐을 가볍게 해주려고 여기에 있다. 이제 너의 평안한 삶을 위해 내가 치워야 할 짐을 말해다오. 그것이 무엇이든지 내가 치워줄 수 있단다. 제발 너의 손을 펼치고 너의 염려를 나에게 맡겨라. 네가 피곤한 영혼에 쉼을 얻고 미소 짓는 모습을 다시 보고 싶구나!

사랑한다.
너의 튼튼한 왕자

딸아,
너는 나의
신부란다

수고하며 무거운 짐을 진 사람은 모두 내게
로 오너라. 내가 너희를 쉬게 하겠다.

마태복음 11:28

187

너의 짐을 져줄게
Let Me Carry That for You

나의 왕자님,

내가 홀로 이 짐을 지려다 보니 내 영이 약해졌습니다. 제발 나의 짐을 치워주세요. 내가 그 짐들을 너무 오랫동안 짊어진 바람에 문제 더미에 깔린 듯이 느낍니다. 오셔서 나를 구출해주시고 이 무거운 짐을 치워주세요. 내가 약할 때도 그대는 그토록 강하신 것을 알려주셔서 감사합니다. 나의 짐을 가볍게 할 수 있는 법을 그대만큼 아는 분은 없습니다!

사랑합니다.
쉴 준비가 된 피곤한 공주

나는 마음이 온유하고 겸손하니, 내 멍에를
메고 나한테 배워라. 그리하면 너희는 마음
에 쉼을 얻을 것이다. 내 멍에는 편하고, 내
짐은 가볍다.

마태복음 11:29~30

나와 하나가 되어라
Become One with Me

나의 신부야,

나는 너의 영혼의 연인이란다. 너의 주님과 하나가 되지 않겠니? 너의 생명을 내 속에 감출 준비가 되기까지 기다려줄게. 만일 나의 강렬한 사랑이 너의 영혼 속에 자리 잡도록 네가 허용한다면, 우리는 아름다운 춤과 같이, 하늘의 조화로 가득한 한 편의 멜로디와 같이 될 것이다. 나는 네게 가까이 가서 영원토록 함께 엮인 한 편의 노래, 한 몸이 되고 싶은데 그렇게 해주겠니? 네가 경험한 적이 없는 그런 사랑으로 너를 사랑하려고 나는 기다리고 있단다.

사랑한다.
너와 하나가 되고 싶은 왕자

딸아,
너는 나의
신부란다

도장 새기듯, 임의 마음에 나를 새기세요. 도장 새기듯, 임의 팔에 나를 새기세요. 사랑은 죽음처럼 강한 것, 사랑의 시샘은 저승처럼 잔혹한 것, 사랑은 타오르는 불길, 아무도 못 끄는 거센 불길입니다. 바닷물도 그 사랑의 불길 끄지 못하고, 강물도 그 불길 잡지 못합니다. 남자가 자기 집 재산을 다 바친다고 사랑을 얻을 수 있을까요? 오히려 웃음거리만 되고 말겠지요.

아가서 8:6~7

나와 하나가 되어라
Become One with Me

나의 왕자님,

그래요, 나는 지금 또 영원히 그대와 하나가 되고 싶어요. 나의 마음을 그대에게 양도하고 그대가 말한 영원한 언약으로 들어갑니다. 그대가 이끄는 대로 나는 갈 것이고, 그대가 머무는 곳에 나도 머물겠습니다. 그대의 길이 나의 길이 될 것입니다. 오늘부터 그대와 하나 되길 갈망합니다. 그대는 영원히 나의 하나님과 나의 영원한 남편이 될 거예요. 내가 그대의 신부가 되었다니 이 얼마나 큰 복인지요!

사랑합니다.
그대에게 푹 빠진 신부

너희는 주 하나님께 서원하고 그 서원을 지
켜라. 사방에 있는 모든 민족들아, 마땅히 경
외할 분에게 예물을 드려라.

시편 76:11

193

너의 저택을 준비하고 있다
I Am Preparing Your Dream Home

나의 신부야,

네가 이 편지를 읽는 순간 나는 하늘에서 너의 저택을 준비하고 있단다. 아름다운 신부야, 내가 너를 데리고 그 영원한 거처에 들어갈 때 너의 얼굴을 볼 텐데, 그날이 몹시 기다려지는구나. 내가 너를 위해 준비하고 있는 이 장소는 네가 상상도 할 수 없는 곳이란다. 네가 마침내 나와 함께 집에 거할 그때는 우리가 황금보다 더 아름답게 포장된 거리에서 수정 같은 바다를 함께 걷게 될 거야. 우리가 영원히 함께할 삶을 기뻐할 때 천사들은 우리를 둘러싸고 노래를 부를 것이다.

사랑한다.
너의 영원한 건축가

딸아,
너는 나의
신부란다

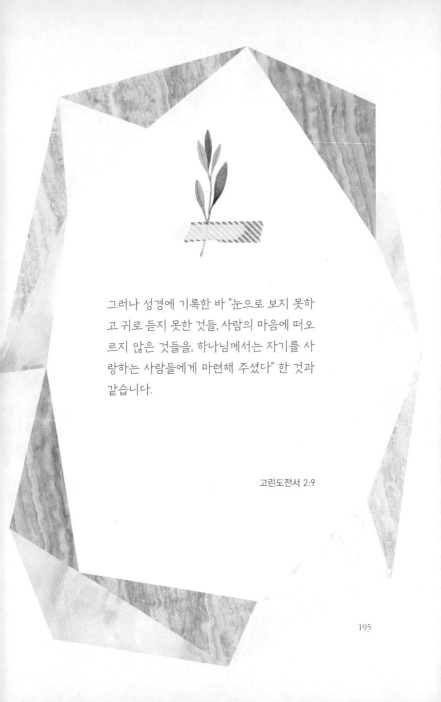

그러나 성경에 기록한 바 "눈으로 보지 못하고 귀로 듣지 못한 것들, 사람의 마음에 떠오르지 않은 것들을, 하나님께서는 자기를 사랑하는 사람들에게 마련해 주셨다" 한 것과 같습니다.

고린도전서 2:9

너의 저택을 준비하고 있다
I Am Preparing Your Dream Home

나의 왕자님,

그대의 임재 속에 들어갈 때는 이미 집에 있는 듯한 느낌입니다. 그대가 나를 집으로 인도할 그날을 나도 고대하고 있습니다. 천사들이 기뻐하는 소리도 상상해봅니다. 그대가 친히 준비한 그 영원한 집에 거할 때 내 마음이 얼마나 감격스러울까요. 그대의 신부로서 내가 맞이할 그 놀라운 일을 생각하면 가슴이 벅차오릅니다. 나의 눈을 영원에 고정한 채 그 무엇에게도 그대를 위해 사는 기쁨을 빼앗기지 않기를 바랍니다.

사랑합니다.
집에 가고 싶은 그대의 영원한 신부

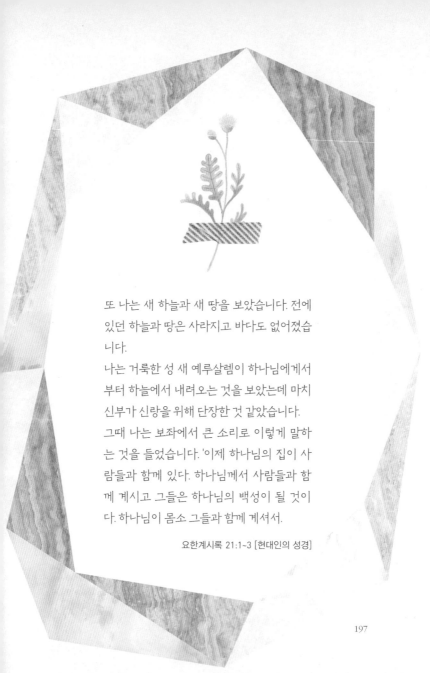

또 나는 새 하늘과 새 땅을 보았습니다. 전에 있던 하늘과 땅은 사라지고 바다도 없어졌습니다.

나는 거룩한 성 새 예루살렘이 하나님에게서부터 하늘에서 내려오는 것을 보았는데 마치 신부가 신랑을 위해 단장한 것 같았습니다.

그때 나는 보좌에서 큰 소리로 이렇게 말하는 것을 들었습니다. '이제 하나님의 집이 사람들과 함께 있다. 하나님께서 사람들과 함께 계시고 그들은 하나님의 백성이 될 것이다. 하나님이 몸소 그들과 함께 계셔서.

요한계시록 21:1~3 [현대인의 성경]

준비해라, 나의 신부야
Get Ready, My Bride

나의 사랑하는 신부야,

이제는 나의 재림을 준비할 때가 되었다. 내가 너를 위해 곧 올 테고, 그 순간이 되면 너는 변화될 것이다. 마치 내일이 없는 것처럼 네가 살면 좋겠다. 네 마음과 생각은 나와 함께할 영원에 고정하길 바란다. 내가 요청하는 대로 네가 행하면 나를 맞을 준비가 될 거야. 이 땅의 어느 것도 영원하지 않지만 너를 향한 나의 사랑은 영원하다는 것을 약속한다. 내가 너와 함께 영원의 통로를 따라 걸을 때까지 너에게 겸손과 의義의 옷을 입혀주게 해다오.

사랑한다.
너의 영원한 남편

기뻐하고 즐거워하며 하나님께 영광을 돌리
자. 어린 양의 혼인날이 이르 렀다. 그의 신부
는 단장을 끝냈다.

준비해라, 나의 신부야
Get Ready, My Bride

나의 하나님, 나의 남편이여,

오늘 나는 "네", "그렇게 하겠습니다"라고 대답합니다. 우리의 결혼식을 준비해주십시오. 나는 그대를 나의 영원한 남편으로 맞이하고, 그대에 관해 아는 것을 사랑하고 아직 모르는 것은 신뢰합니다.

> 좋든 나쁘든
> 부유할 때나 가난할 때나
> 아플 때와 건강할 때
> 기쁠 때와 슬플 때
> 패배할 때와 승리할 때
> 풍부할 때와 부족할 때
> 오늘부터 죽음이 나를 그대의 품에 안겨줄 때까지
> 영원히 함께하기로 서약합니다

> 사랑합니다. "네"라고 말하는 그대의 신부

나는 또 거룩한 도성 새 예루살렘이, 남편을 위하여 단장한 신부와 같이 차리고, 하나님께로부터 하늘에서 내려오는 것을 보았습니다. 그 때에 나는 보좌에서 큰 음성이 울려 나오는 것을 들었습니다. "보아라, 하나님의 집이 사람들 가운데 있다. 하나님이 그들과 함께 계실 것이요, 그들은 하나님의 백성이 될 것이다. 하나님이 친히 그들과 함께 계시고, 그들의 눈에서 모든 눈물을 닦아 주실 것이니, 다시는 죽음이 없고, 슬픔도 울부짖음도 고통도 없을 것이다. 이전 것들이 다 사라져 버렸기 때문이다." 그 때에 보좌에 앉으신 분이 말씀하셨습니다. "보아라, 내가 모든 것을 새롭게 한다." 또 말씀하셨습니다. "기록하여라. 이 말은 신실하고 참되다."

요한계시록 21:2~5

나가는 글

당신이 이 사랑의 편지들을 읽으면서 하나님의 사랑과 능력과 약속이 당신을 위한 것임을 깨달았기를 바란다. 그런데 이 책을 덮기 전에 당신이 왕이신 하나님을 개인적으로 아는지 자문해 보라고 꼭 권하고 싶다. 하나님의 사랑에 관한 글을 읽는다고 그분의 영원한 왕국에 들어갈 수 있는 것은 아니기 때문이다. 우리는 그분의 초대를 받아들이고 그분의 아들 예수 그리스도를 영접할 필요가 있다. 이제 나와 함께 다음 기도를 해서 당신이 장차 면류관을 받게 되기를 간절히 바란다.

사랑하는 하나님, 저는 더 이상 하나님 없이 살고 싶지 않습니다. 하나님께서 외아들을 보내셔서 나를 위해 죽게 하신 것을 믿습니다. 이제 예수 그리스도를 저의 주님과 왕으로 영접하고 싶습니다. 저는 죄인이고 구

딸아,
너는 나의
신부란다

원자가 필요한 존재임을 고백합니다. 하나님이 주시는 값없는 영생의 선물을 받아들입니다. 하나님의 생명의 책에 저의 이름을 써 주셔서 감사합니다. 예수님의 이름을 믿는 믿음으로 기도합니다. 아멘.

당신이 이 기도를 진심으로 드렸다면 하늘의 천사들이 기뻐하고 하나님의 성령이 이제 당신 안에 계신다는 것을 알아라. 내가 이 땅에서 당신을 만날 영광을 갖지 못한다면 영원의 저편에서 당신과 함께 기뻐할 날을 고대한다. 그때까지 우리의 왕께서 당신과 그분의 동행에 복 주시길 기도한다.

사랑을 담아,
그리스도 안에서 자매가 된
세리 로즈

성령과 신부가 "오십시오!" 하고 말씀하십니다. 이 말을 듣는 사람도 또한 "오십시오!" 하고 외치십시오. 목이 마른 사람도 오십시오. 생명의 물을 원하는 사람은 거저 받으십시오.

요한계시록 22:17

한글판
딸아, 너는 나의 신부란다

초판 1쇄 발행 2021년 8월 9일
초판 1쇄 발행 2021년 8월 16일

지은이 세리 로즈 세퍼드
옮긴이 홍병룡
펴낸이 정선숙

펴낸곳 협동조합 아바서원
등록 제 274251-0007344
주소 경기도 고양시 덕양구 삼원로51 원흥하이필드 지식산업센터 606호
전화 02-388-7944 **팩스** 02-389-7944
이메일 abbabooks@hanmail.net

ISBN 979-11-90376-36-5 03230

잘못 만들어진 책은 구입한 곳에서 교환해 드립니다.